FICHA CATALOGRÁFICA

(Preparada na Editora)

Baduy Filho, Antônio, 1943-

B129v *Vivendo o Mais Além* / Antônio Baduy Filho,
Espírito André Luiz. Araras, SP, 1ª edição, 2017.

336 p.:

ISBN 978-85-7341-710-4

1. Espiritismo. 2. Psicografia - Mensagens
I. André Luiz. II. Título.

CDD -133.9
-133.91

Índices para catálogo sistemático:

1. Espiritismo 133.9
2. Psicografia: Mensagens: Espiritismo 133.91

VIVENDO O
mais
ALÉM

Comentários a
"O Céu e o Inferno"

ISBN 978-85-7341-710-4

1ª edição - julho/2017

Copyright © 2017,
Instituto de Difusão Espírita - IDE

Conselho Editorial:
Doralice Scanavini Volk
Orson Peter Carrara
Wilson Frungilo Júnior

Coordenação:
Jairo Lorenzeti

Revisão de texto:
Mariana Frungilo Paraluppi

Capa:
César França de Oliveira

Diagramação:
Maria Isabel Estéfano Rissi

INSTITUTO DE DIFUSÃO ESPÍRITA - IDE
Av. Otto Barreto, 1067 - Cx. Postal 110
CEP 13600-970 - Araras/SP - Brasil
Fone (19) 3543-2400
CNPJ 44.220.101/0001-43
Inscrição Estadual 182.010.405.118

www.ideeditora.com.br
editorial@ideeditora.com.br

Todos os direitos reservados.
Nenhuma parte desta
publicação pode ser
reproduzida, armazenada
ou transmitida, total ou
parcialmente, por quaisquer
métodos ou processos, sem
autorização do detentor do
copyright.

ANTÔNIO BADUY FILHO

pelo Espírito

André Luiz

VIVENDO O
mais
ALÉM

Comentários a
"O Céu e o Inferno"

ide

ÍNDICE

O Céu e o Inferno - André Luiz................. 13

PRIMEIRA PARTE / *Doutrina*

I - *O futuro e o nada*

1 - É ilógico 16
2 - É lógico 18
3 - É engano 20
4 - É a chave... 22
5 - É útil... 24
6 - É consequência 26

II - *Temor da morte*

7 - Morte e medo... 29
8 - Ser e não ser 31
9 - Medo de morrer 33
10 - Descrença 35
11 - Morte sem medo 37
12 - Morte e esperança 39

III - *O Céu*

13 - Em toda parte... 42
14 - Céu possível 44
15 - Única garantia... 46
16 - Céu interior 48

IV - *O inferno*

17 - Existe também... 51
18 - Não é 53
19 - O limbo... 55

20 - Não aprova 57
21 - Inferno íntimo 59

V - O purgatório

22 - Purgatório autêntico 62
23 - Em si mesmo 64
24 - O que significa 66
25 - É o purgatório 68

VI - Doutrina das penas eternas

26 - É impossível 71
27 - Simples ideia 73
28 - É absurdo 75
29 - Não há 77
30 - Freio 79
31 - É claro 81
32 - Depois da morte 83

VII - As penas futuras segundo o Espiritismo

33 - Sua conduta 86
34 - É realidade 88
35 - É garantia 90
36 - Não complique 92
37 - Não negue 94
38 - Resultado 96
39 - É desperdício 98
40 - É a consciência 100
41 - Examine 102
42 - Não condena 104
43 - Entenda 106
44 - Deus espera 108
45 - Você decide 110
46 - Seu despertar 112
47 - Convém 114
48 - Em família 116
49 - É cobrança 118
50 - Sempre 120
51 - É misericórdia 122

VIII - Os anjos

52 - Presença angelical 125
53 - A caminho 127

54 - O melhor de si 129
55 - Anjo do bem 131
56 - Perfeição angelical 133

IX - *Os demônios*

57 - Para você 136
58 - Princípio do bem 138
59 - Aquele irmão 140
60 - Regeneração 142
61- Desista 144

X - *Intervenção dos demônios nas modernas manifestações*

62 - Também 147
63 - Quando 149
64 - Eles também 151
65 - Imagine 153
66 - É estranho 155
67 - Serão eles 157

XI - *Da proibição de evocar os mortos*

68 - Adivinhações 160
69 - Se você 162
70 - Prova evidente 164

SEGUNDA PARTE / *Exemplos*

I - *A passagem*

71 - Nova dimensão 167
72 - Atitude igual 169
73 - Conduta 171
74 - Perturbação final 173
75 - Em paz 175

II - *Espíritos felizes*

76 - Pratique o bem 178
77 - Garantia de paz 180
78 - Não esqueça 182
79 - Tropeços 184
80 - Trânsito fácil 186

81 - Tenha dedicação 188
82 - Amenidade 190
83 - Fator de paz 192
84 - Alívio certo 194
85 - Prova de risco 196
86 - Segurança 198
87 - Conserve a fé 200
88 - Esteja certo 202
89 - Situações efêmeras 204
90 - Seja benevolente 206
91 - Qualidades morais 208
92 - Seja resignado 210

III - *Espíritos numa condição mediana*

93 - Seja honesto 213
94 - Troque logo 215
95 - Perturbações 217
96 - Creia 219
97 - Caminho bom 221
98 - Porque 223

IV - *Espíritos sofredores*

99 - Acontece 226
100 - Passagem confusa 228
101 - Bem 230
102 - Seus recursos 232
103 - É desastre 234
104 - Caminho reto 236
105 - Reação punitiva 238
106 - Apego aos bens 240
107 - Não despreze 242
108 - Atitude fraterna 244
109 - Seu orgulho 246
110 - Sua indiferença 248

V - *Suicidas*

111 - Amargura maior 251
112 - Complicação 253
113 - É pior 255
114 - Com resignação 257
115 - Com dignidade 259
116 - Mais valioso 261
117 - Apenas um momento 263

118 - Não renuncie 265
119 - Experiências indesejáveis 267

VI - *Criminosos arrependidos*

120 - Abandone já 270
121 - Trate bem 272
122 - Mudar logo 274
123 - Sem violência 276
124 - É a vez 278

VII - *Espíritos endurecidos*

125 - Insistência 281
126 - Não se entregue 283
127 - Tédio 285
128 - De molho 287
129 - Com egoísmo 289

VIII - *Expiações terrestres*

130 - Provação de hoje 292
131 - Faça já 294
132 - Solução necessária 296
133 - Prepotência 298
134 - Antídoto 300
135 - Penalidade 302
136 - Diante da provação 304
137 - Ambição 306
138 - Não faça 308
139 - Abnegação 310
140 - Dignidade 312
141 - Seja humilde 314
142 - Bom exemplo 316
143 - Atitude resignada 318
144 - Atitude aflitiva 320
145 - Outra vida 322
146 - Tenha cuidado 324
147 - Apelo diferente 326
148 - Ouvir 328

O Céu e o Inferno

O Céu e o Inferno é a obra da Codificação Espírita que expõe com lógica e bom senso a situação da alma, após a morte do corpo.

Tanto a argumentação teórica quanto os relatos dos próprios Espíritos trazem uma visão racional do mais além, ressaltando sempre a transformação moral como fator valioso na nova condição de vida.

Convidamos você, caro leitor, a nos acompanhar nessas modestas considerações que ora apresentamos em torno desse tema tão importante, pedindo a Jesus que nos ampare e abençoe.

ANDRÉ LUIZ

Ituiutaba, 15 de agosto de 2016

Nota do médium – Todos os textos foram revisados pelo Espírito André Luiz, inclusive os já publicados na imprensa espírita e como mensagens avulsas, o que explica eventuais alterações na forma dos mesmos, sem prejuízo do conteúdo.

PRIMEIRA PARTE / *Đoutrina*

CAPÍTULO I

O futuro e o nada

1

É ILÓGICO

Primeira Parte
Cap. I – 1 a 3

É importante discutir algumas situações da vida comum.

🌺

A árvore.
Cresce.
Produz.
Seca.
E a semente garante a árvore futura.

O veículo.
Funciona.
Trabalha.
Enferruja.
E a sucata garante o veículo futuro.

O papel.
Surge.
Serve.
Rasga.
E reciclado garante o papel futuro.

🌿

Sempre há um porvir para o que existe no mundo. É ilógico pensar que tudo acaba no nada.

O homem.
Nasce.
Vive.
Morre.
E a alma liberta garante a vida futura.

2

É LÓGICO

Primeira Parte
Cap. I – 1

O futuro existe sempre, em qualquer circunstância. Você experimenta isso.

🌿

Frequenta a escola.
Estuda seriamente.
Aprende muito.
Adquire o saber.
E a escola acaba.
Mas você continua com o conhecimento.

Joga em certo clube.
Treina bastante.
Aparece no time.

É sempre hábil.
E o clube acaba.
Mas você continua com a habilidade.

Trabalha na empresa.
Exerce a atividade.
Controla o serviço.
É perito no que faz.
E a empresa acaba.
Mas você continua com a perícia.

🌸

Qualquer que seja a situação que você experimente, é lógico que há sempre uma consequência depois dela.

Vive no corpo.
Sofre um tanto.
É feliz também.
E o corpo acaba.
Mas você continua como Espírito.

3

É ENGANO

Primeira Parte
Cap. I – 2 e 3

A ideia de que nada existe após a morte é tão absurda quanto certas situações.

🌿

Você compra a moradia.
Assina o compromisso.
Recebe o documento.
Planeja a mudança.
E descobre que a moradia é engano.

Você contrata o passeio.
Acerta com a agência.
Escolhe algum roteiro.
Prepara-se para viajar.
E descobre que o passeio é engano.

Você aceita a proposta.
A empresa tem nome.
O cargo é expressivo.
Permanece à espera.
E descobre que a proposta é engano.

O mesmo acontece, quando você acredita que a morte é o fim de tudo.

Vive o presente.
Só pensa em si.
Busca vantagem.
Morre no prazer.
E descobre que o Nada é engano.

4

É A CHAVE

Primeira Parte
Cap. I – 4, 13 e 14

Diante da porta fechada para a vida futura, o Espiritismo é a chave que pode abri-la.

🌾

É a Experiência.
Reconhece a imortalidade.
Dialoga com os Espíritos.
Descobre o Além-túmulo.
E, através da Experiência, comprova a outra vida.

É a Razão.
Valoriza o entendimento.
Compreende para crer.
Pratica o raciocínio.
E, através da Razão, fortalece a fé autêntica.

É o Evangelho.

Rememora as lições do Cristo.

Revela novos conhecimentos.

Traz de volta a reencarnação.

E, através do Evangelho, favorece a renovação íntima.

🦋

Entenda, pois, que a Doutrina Espírita é Ciência, Filosofia e Religião, desmascara o materialismo e as teorias exóticas e, através de seus postulados, leva até você, com Jesus, a certeza da vida futura.

5

É ÚTIL

Primeira Parte
Cap. I – 5 a 9

É útil resumir em alguns tópicos a longa discussão em torno da vida futura.

🌿

Niilismo.

Nega o porvir.

Prescreve o Nada depois da morte.

E o interesse pelos bens materiais no presente.

Todo Universal.

Admite o futuro.

A alma é parcela de um princípio.

E, depois da morte, se perde no infinito.

Panteísmo.

Reconhece o Além.

Diz que a alma é parte de Deus.

E com a morte do corpo se reúne à Divindade.

Religiões.

Aceitação da vida futura.

A alma é sempre Criação Divina.

E livre da matéria tem destino diferenciado.

🌸

Entre as teorias religiosas, a Doutrina Espírita se sobressai pelo rigor de seus argumentos, alicerçados no raciocínio e na lógica.

O Espiritismo descortina a vida espiritual, comprova a sobrevivência da alma e afirma que o Espírito, obra do Criador, de início é simples e ignorante, mas está predestinado a desenvolver o livre-arbítrio e conquistar o aperfeiçoamento íntimo, segundo os critérios do Evangelho de Jesus.

6

É CONSEQUÊNCIA

Primeira Parte
Cap. I – 10 a 12

A Doutrina Espírita mostra que a vida futura é consequência do que você fez na vida presente.

❦

É desastrosa.
Se escolheu o mal.

É angustiante.
Se perseverou no erro.

É perturbada.
Se desperdiçou tempo.

É confusa.
Se alimentou enganos.

É serena.
Se promoveu a paz.

É equilibrada.
Se valorizou o bom senso.

É solidária.
Se agiu com fraternidade.

É tranquila.
Se construiu o bem comum.

❧

O Espiritismo confirmou definitivamente a realidade da vida futura e, através dele, você soube que o destino após a morte depende exclusivamente do livre-arbítrio de cada um.

CAPÍTULO II

Temor da morte

7

MORTE E MEDO

Primeira Parte
Cap. II – 1

Você entende que a morte não é o fim de tudo, mas tem medo dela. Por quê?

É o risco do desconhecido
que desespera?

É a presença do mistério
que angustia?

É a noção de incerteza
que desorienta?

É a ideia de punição
que tortura?

É a dor de consciência
que atormenta?

É a hipótese de sofrimento
que perturba?

Diante disso, é certo concluir que seu temor só
existe porque você não tem a ideia exata do que seja
realmente a vida futura.

8

SER E NÃO SER

Primeira Parte
Cap. II – 2, 4 e 8

Aquele que está ligado aos interesses da vida presente sempre pensa que tem de ser o que é.

❧

É corajoso.
Tem de ser valente.

É forte.
Tem de ser temido.

É capaz.
Tem de ser respeitado.

É inteligente.
Tem de ser o maior.

É ambicioso.
Tem de ser vencedor.

É culto.
Tem de ser admirado.

É criativo.
Tem de ser distinguido.

É autoridade.
Tem de ser poderoso.

Apegado à matéria, ele leva a existência com a ideia de que pode ser o que é. Contudo, descrente da vida futura, tem medo da morte, porque entende que depois dela não pode ser nada.

9

MEDO DE MORRER

Primeira Parte
Cap. II – 3

O medo da morte diminui, quando aumenta a crença na vida futura. Você observa e crê.

🌿

Reflete sobre a imortalidade. E crê que a existência da alma é possível.

Recorda os amigos que morreram. E crê que pode reencontrá-los.

Lamenta a morte dos entes queridos. E crê que vai revê-los.

Enumera as realizações de vida. E crê que o trabalho prossegue.

Valoriza o esforço moral. E crê que a busca da perfeição continua.

Considera a capacidade de entender. E crê que a inteligência é para sempre.

🌾

À medida que se percebe que a vida futura é simplesmente a continuação da vida atual, em outra dimensão, o medo de morrer fica desmoralizado. E você vive melhor.

10

DESCRENÇA

Primeira Parte
Cap. II – 5 e 6

A descrença quanto à vida futura é falta de conhecimento espiritual. Você pensa e duvida.

Pensa no Além.
E pergunta: vai acontecer?

Pensa na alma.
E questiona: vai existir?

Pensa na mente.
E argumenta: vai continuar?

Pensa no virtuoso.
E indaga: vai ser feliz?

Pensa no delinquente.
E inquire: vai sofrer?

Pensa no selvagem.
E discute: vai para onde?

🌺

Diante das incertezas, pense na Justiça Divina e considere que Deus não criou a vida para um momento apenas, mas para sempre.

11

MORTE SEM MEDO

Primeira Parte
Cap. II – 7 e 9

Aproveite cada momento da existência física e faça sua transformação moral, vivendo as lições do Evangelho.

Abandone o ódio.
E sinta o amor ao próximo.

Esqueça a ofensa.
E perdoe a falta do outro.

Afaste o egoísmo.
E cultive a fraternidade.

Elimine a descrença.
E favoreça a fé.

Fuja do orgulho.
E abrace a humildade.

Largue a vaidade.
E conquiste a modéstia.

Rejeite o desalento.
E acredite na esperança.

Desista do apego.
E se aproxime da caridade.

Compreenda que a vida futura é mero reflexo da vida atual e saiba, pois, que a morte sem medo só acontece quando se vive no bem.

12

MORTE E ESPERANÇA

Primeira Parte
Cap. II – 10

O Espiritismo transforma o medo da morte em esperança de vida.

🌾

Comprova a existência do Espírito como individualidade, através de contatos diretos com ele.

Registra a realidade da vida futura e aponta o mundo espiritual em constante relação com o mundo físico.

Resgata notícias de seres viventes no mais além, por meio de experiências mediúnicas comprobatórias.

Demonstra que a alma não é abstração, mas corpo etéreo dotado de percepções e aptidões.

Favorece a compreensão de que a morte é apenas passagem, por onde a vida terrena se prolonga na vida espiritual.

Descortina a dimensão maior, além do túmulo, na qual a alma prossegue sua evolução.

🌸

Não há dúvida, pois, que a Doutrina Espírita desmancha as ilações infundadas do Nada e constata que a morte nada mais é do que a porta que se abre para a vida eterna.

CAPÍTULO III

O Céu

13

EM TODA PARTE

Primeira Parte
Cap. III – 1 a 4

Veja como você usa a palavra céu para exprimir sentimentos próprios.

🌿

Acha o emprego que queria.
E diz: achei o céu.

Está no passeio tão desejado.
E diz: estou no céu.

Vive no local de seus sonhos.
E diz: vivo no céu.

Encontra a companhia ideal.
E diz: encontrei o céu.

Descobre a situação agradável.
E diz: descobri o céu.

Quer o momento mais encantador.
E diz: quero o céu.

❦

Diante de tais afirmações, é preciso convir que o céu de suprema felicidade, que várias teorias religiosas localizam no espaço distante, na verdade, está em toda parte.

14

CÉU POSSÍVEL

Primeira Parte
Cap. III – 5 a 11

O caminho para a felicidade futura é longo e árduo.

❧

Começa com a criação do Espírito, ainda simples e ignorante, mas dotado de livre-arbítrio.

Prossegue no aprendizado contínuo, na esteira dos milênios.

Continua na busca incessante de conhecimentos e valores morais, através dos tempos.

Segue na utilização do corpo material, através

da reencarnação em mundos diversos, para completar o aperfeiçoamento íntimo.

Estende no aproveitamento dos intervalos reencarnatórios, para adquirir no mundo espiritual instruções que a experiência na vida material não pode oferecer.

Chega, em várias ocasiões, à dimensão extrafísica, onde é feliz ou infeliz, conforme tenha vivido no bem ou no mal.

🌺

Entenda, pois, que a suprema felicidade só é usufruída pelos Espíritos perfeitos ou puros, aqueles que já progrediram em inteligência e moralidade.

Entre os que ainda pelejam com as próprias imperfeições, cada um tem dentro de si o céu possível, de acordo com a própria evolução.

15

ÚNICA GARANTIA

Primeira Parte
Cap. III – 12 a 17

A felicidade futura depende da transformação moral. O céu paradisíaco da fantasia humana é, na verdade, um estado de espírito.

🌿

É a paz.
Que vem do dever cumprido.

É o perdão.
Que se apoia na caridade.

É a indulgência.
Que se alicerça no bem.

É a paciência.
Que sabe esperar.

É a tolerância.
Que traz a calma.

É a brandura.
Que nasce da humildade.

É a benevolência.
Que se sustenta no amor.

É a fé.
Que se nutre de esperança.

❦

O Espiritismo ensina que, após a morte do corpo físico, a alma penetra o mundo espiritual e, nele, a única garantia de felicidade é o esforço de renovação íntima, conforme os ensinamentos de Jesus.

16

CÉU INTERIOR

Primeira Parte
Cap. III – 18

Conquiste a felicidade, vivendo as recomendações do Evangelho.

🌾

Esqueça a ofensa.
E liberte-se da mágoa.

Perdoe o inimigo.
E afaste o mal-estar.

Pratique a caridade.
E sinta-se solidário.

Aja com franqueza.
E rejeite a hipocrisia.

Espalhe o bem.
E cultive o clima de paz.

Proceda com amor.
E semeie a benevolência.

Vivendo assim, em constante renovação íntima, será possível perceber, quando a morte livrá-lo do peso do corpo, que o céu tão desejado, onde se é feliz para sempre, realmente está dentro de você.

CAPÍTULO IV

O inferno

17

EXISTE TAMBÉM

Primeira Parte
Cap. IV – 1 e 2

São comuns certas expressões fazerem referência ao inferno, para exprimir sofrimento na vida diária.

O dia quente.
É infernal.

O trânsito parado.
É o inferno.

A cólica violenta.
É infernal.

A vida difícil.
É o inferno.

A demora exagerada.
É infernal.

A dívida acumulada.
É o inferno.

A queixa insistente.
É infernal.

A aflição intensa.
É o inferno.

🌿

Diante de tais expressões, dependendo da interpretação de cada um, não se pode negar que o inferno, imaginado para a vida futura, existe também na vida presente.

18

NÃO É

Primeira Parte
Cap. IV – 3 a 7

No dia a dia, observam-se condutas que de alguma forma acabam em punição.

🌹

Alguém é furioso.
Agride com violência.
Provoca real sofrimento.
A lei é acionada, atua rápido.
E o agressor sofre consequências.
Mas, depois, tem a ocasião de se melhorar.

Alguém é falso.
Engana por prazer.
Leva a prejuízo maior.
A lei toma conhecimento.

E o enganador paga pelo que fez.
Mas, depois, tem a possibilidade de mudar.

Alguém é mau.
Age com mentira.
Espalha a difamação.
A lei responde com rigor.
E o difamador recebe a punição.
Mas, depois, tem o ensejo de se renovar.

Se, na vida comum da experiência física, alguém que transgride a lei é punido e tem, depois, a oportunidade de se transformar para o bem, é preciso entender que o inferno doloroso e eterno não é obra de Deus, mas simples produto da imaginação humana.

19

O LIMBO

Primeira Parte
Cap. IV – 8

É possível observar, nas experiências do cotidiano, alguém que passa por situações estranhas.

🌺

Tem família.
Mora com parentes.
Recebe todo o conforto.
Entretanto, é sempre isolado.
Não sofre, mas também não é feliz.

Tem cultura.
Ensina os outros.
Sente-se bem realizado.
Contudo, não é sempre aceito.
Não sofre, mas também não é feliz.

Tem recursos.
Possui a sua moradia.
Não lhe falta o essencial.
Todavia, vive sempre sozinho.
Não sofre, mas também não é feliz.

Com toda a certeza, tais vivências incômodas, que ocorrem na vida física, serviram de modelo aos teólogos que imaginaram, para alguns depois da morte, o limbo, aquele local onde não se sofre, mas também não se é feliz.

20

NÃO APROVA

Primeira Parte
Cap. IV – 9 a 13

É comum a ocorrência de problemas que chamam a atenção.

Na família.
Vários parentes.
Um deles perturba a paz.
Causa a todos dor e sofrimento.
Mas, nem por isso, é condenado a torturas.

No trabalho.
Vários funcionários.
Um deles age sem correção.
Causa aos colegas constrangimento.
Mas, nem por isso, é condenado a torturas.

No trânsito.
Vários motoristas.
Um deles maltrata alguém.
Causa a muitos dor e sofrimento.
Mas, nem por isso, é condenado a torturas.

Na instituição.
Vários colaboradores.
Um deles comete falta grave.
Causa aos tarefeiros constrangimento.
Mas, nem por isso, é condenado a torturas.

Se a Justiça Humana, ainda que imperfeita, não condena um infrator a sofrer torturas, é certo que a Justiça Divina não aprova o inferno imaginado pelos teólogos.

21

INFERNO ÍNTIMO

Primeira Parte
Cap. IV – 14 e 15

Na existência física, existem os que praticam o mal.

🌿

O delinquente.
Assalta a família.
Aniquila a vida do pai.
Joga os filhos na orfandade.
Depois, mais adiante, o delinquente morre.

O avarento.
Finge que não ouve.
Nega auxílio a quem pede.
Não se importa com o faminto.
Depois, mais adiante, o avarento morre.

O intrigante.
Inventa u'a mentira.
Diz a intriga a todo lado.
Causa sofrimento à sua vítima.
Depois, mais adiante, o intrigante morre.

O desertor.
Desiste do bem.
Some dos companheiros.
Não liga ao destino da instituição.
Depois, mais adiante, o desertor morre.

Um dia, eles deixam o corpo e, depois, almas endividadas, pagam por seus erros perante a Lei Divina, que é justa e misericordiosa, de tal forma que, na realidade espiritual, o único inferno que existe é o remorso dentro deles.

CAPÍTULO V

O purgatório

22

PURGATÓRIO AUTÊNTICO

Primeira Parte
Cap. V – 1 e 2

Na experiência material, sofrimentos existem em toda parte.

No hospital.
O doente está mal.
O cirurgião age rápido.
A lesão é totalmente eliminada.
O doente colabora e se recupera com o tempo.

Na escola.
O aluno é deficiente.
O professor ministra lições.
As deficiências são logo superadas.
O aluno se dedica ao estudo e segue seu curso.

Na família.
O parente se ofende.
Os familiares lidam com o fato.
O desentendimento desaparece de vez.
O parente faz sua parte e pacifica a convivência.

🌸

No purgatório teológico, as almas sofredoras nada fazem por si mesmas e têm alívio apenas através das preces dos viventes em sua intenção.

Contudo, no purgatório autêntico, que é a vida de todos os dias, aqueles que sofrem recebem ajuda de alguém, mas nunca são dispensados do esforço próprio.

23

EM SI MESMO

Primeira Parte
Cap. V – 3 a 5

Na vida corpórea, há momentos desconcertantes.

❦

Humilhação.
Você é a vítima.
Vive situação incômoda.
Sofre a agressão do orgulhoso.
E a causa é seu orgulho em vidas anteriores.

Miséria.
Você é o alvo.
Vive situação de penúria.
Sofre o desconforto da fome e nudez.
E a causa é o mau uso da riqueza no passado.

Solidão.
Você é o solitário.
Vive situação de abandono.
Sofre a falta da presença fraterna.
E a causa é seu egoísmo em antigas existências.

🌿

Se o Espiritismo ensina que o sofrimento de hoje é caminho para o alívio no futuro, então é possível dizer que, através da reencarnação, você vive agora o purgatório em si mesmo.

24

O QUE SIGNIFICA

Primeira Parte
Cap. V – 6 a 8

Na passagem para a vida espiritual, há acontecimentos importantes.

❧

Há surpresa.
O Espírito é confuso.
Desconhece sua situação.
Vivencia momentos de ansiedade.
E não está ciente de que já deixou o corpo.

Há sofrimento.
O Espírito é rebelde.
Sabe que não está na matéria.
Não entende a realidade espiritual.
E se revolta por não encontrar o que esperava.

Há punição.

O Espírito é culpado.

Tem débito com a Lei Divina.

Sofre por suas atitudes delituosas.

E só melhora com o esforço da renovação íntima.

🌺

Tanto no mundo espiritual, quanto na vida física, o Espírito sofre, aprende e melhora, o que significa que o purgatório existe onde ele está.

25

É O PURGATÓRIO

Primeira Parte
Cap. V – 9 e 10

Na vivência de cada dia, há sempre alguma solução para as dificuldades.

Doença.
Há o médico.
O doente faz o tratamento.
E, depois, a consequência é a melhora.

Dor.
Há o remédio.
O paciente toma a medicação.
E, depois, a consequência é o alívio.

Fome.
Há o alimento.

O faminto busca o auxílio.
E, depois, a consequência é o socorro.

Nudez.
Há o agasalho.
O necessitado pede a ajuda.
E, depois, a consequência é o benefício.

Indecisão.
Há o raciocínio.
O indeciso pensa a respeito.
E, depois, a consequência é a certeza.

Aflição.
Há o recurso.
O aflito roga o apoio do Alto.
E, depois, a consequência é a esperança.

🌺

É certo, pois, que o resgate de antigos débitos e o esforço da renovação íntima, através da reencarnação, não deixam qualquer dúvida de que a vida na Terra é realmente o purgatório.

CAPÍTULO VI

Doutrina das penas eternas

26

É IMPOSSÍVEL

Primeira Parte
Cap. VI – 1 a 9

Observe como alguém de boa formação age na convivência diária.

🌿

Tem amigo.
Alterca com ele.
Não concorda com algo.
Guarda no íntimo a decepção.
Mas deseja ao amigo o melhor para sempre.

Tem esposa.
Discute com ela.
Não aceita os argumentos.
Sofre na intimidade dura tristeza.
Mas deseja à esposa o amor para sempre.

Tem filho.
Polemiza com ele.
Ouve frases insolentes.
Fica aborrecido com a situação.
Mas deseja ao filho o bem para sempre.

🌺

Se alguém, que ainda peleja com a própria evolução, é capaz de agir assim, esteja certo de que é impossível admitir que Deus, o Infinito Amor, deseja a punição para sempre a Suas criaturas.

27

SIMPLES IDEIA

Primeira Parte
Cap. VI – 1 a 9

Às vezes, você vive momentos que lhe parecem uma eternidade.

🌸

Pede o empréstimo.
A financeira analisa o pedido.
Pesquisa a condição do solicitante.
E o tempo de resposta
     lhe parece uma eternidade.

Sofre dor de dente.
Busca alívio no dentista.
Aguarda sua vez para a consulta.
E o tempo de espera
     lhe parece uma eternidade.

Faz a viagem.
O destino é longínquo.
São horas prolongadas de percurso.
E o tempo de chegada
　　　lhe parece uma eternidade.

Está com fome.
Encomenda a refeição.
Há demora no atendimento.
E o tempo de entrega
　　　lhe parece uma eternidade.

　　　Situações assim é que lhe dão a entender que a teoria da eternidade das punições, após a morte, é simples ideia e não, realidade.

28

É ABSURDO

Primeira Parte
Cap. VI – 10 a 17

Você agride.
Depois, arrepende-se.
Busca o caminho da reparação.
E a bondade humana não
    lhe nega a oportunidade.

Você ofende.
Depois, percebe o erro.
Deseja a paz da reconciliação.
E a bondade humana não
    lhe nega a oportunidade.

Você falseia.
Depois, muda de opinião.
Quer se apresentar verdadeiro.
E a bondade humana não
    lhe nega a oportunidade.

Você explora.
Depois, envergonha-se.
Anseia pela reparação da falta.
E a bondade humana não
lhe nega a oportunidade.

Você engana.
Depois, nota o malfeito.
Entende que deve se desculpar.
E a bondade humana não
lhe nega a oportunidade.

🌸

Se na existência física, a bondade humana, ainda tão vacilante, não lhe nega a oportunidade de renovação, é absurdo pensar que, após a morte, a alma culpada não tenha a mesma oportunidade perante a Bondade Divina.

29

NÃO HÁ

Primeira Parte
Cap. VI – 10 a 17

Punições ocorrem com frequência no cotidiano.

No lar.
O filho responde.
Desrespeita os pais.
Leva o castigo merecido.
Entretanto, a punição não é para sempre.

Na aula.
O aluno agride.
Diz ofensas ao professor.
A escola aplica-lhe suspensão.
Contudo, a punição não é para sempre.

No trânsito.

O motorista erra.

Estaciona em local proibido.

O carro-guincho reboca o veículo.

No entanto, a punição não é para sempre.

🐝

Veja bem. Se o entendimento humano, ainda repleto de imperfeições, não pune para sempre, é claro que para o Entendimento Divino, Infinitamente Perfeito, não há punição eterna.

30

FREIO

Primeira Parte
Cap. VI – 17

O freio é importante em várias circunstâncias.

O veículo.
Tem o freio na roda.
Nunca é de uso contínuo.
É acionado em algum momento.
Mas não impede a perda de controle.

O cavalo.
Tem o freio na boca.
Nunca é de uso contínuo.
É acionado em algum momento.
Mas não impede o coice e a disparada.

O gravador.
Tem o freio na tecla.
Nunca é de uso contínuo.
É acionado em algum momento.
Mas não impede a gravação inconveniente.

É engano supor que a teoria da punição eterna seja um freio aos desmandos na existência física, pois o que verdadeiramente importa é saber que a vida continua após a morte do corpo, que se é feliz ou infeliz de acordo com as próprias obras, e que ninguém é condenado para sempre.

31

É CLARO

Primeira Parte
Cap. VI – 18 a 21

Observe o que acontece com as criações humanas.

A máquina.
O homem fabricou.
Teve a serventia possível.
Depois, o modelo ganhou avanços.
Novidades tecnológicas foram incorporadas.
E a mesma máquina, após o progresso,
tornou-se mais útil.

O grão.
O homem produziu.
Deu colheitas razoáveis.

Depois, a planta ganhou alterações.
Modificações genéticas foram introduzidas.
E o mesmo grão, após o progresso,
                tornou-se mais produtivo.

O remédio.
O homem criou.
Alcançou o efeito que devia.
Depois, o sal ganhou certas mudanças.
Reações químicas foram causadas na fórmula.
E o mesmo remédio, após o progresso,
                tornou-se mais ativo.

Se o homem, ainda tão falível, não descarta suas criações e promove o progresso delas, é claro que Deus, o Divino Criador, não atira suas criaturas à condenação eterna, mas dá a todas elas a oportunidade de se recuperar e progredir, seja na existência corpórea, seja na vida futura, após a morte do corpo.

32

DEPOIS DA MORTE

Primeira Parte
Cap. VI – 22 a 25

Analise o que se diz sobre os destinos da alma, depois da morte.

Inferno.
É punição.
Sofrimento severo e eterno.
A alma não tem oportunidade de qualquer mudança.

Purgatório.
É temporário.
Estágio provisório e incerto.
A alma espera libertação com as preces dos viventes.

Céu.
É recompensa.
Vivência de alegado prazer.
A alma está sempre na contemplação e na ociosidade.

Vida futura.
É situação real.
Há recuperação e progresso.
A alma melhora e evolui, transformando-se para o bem.

🌿

Diante de tais destinos, não há dúvida de que a razão e o bom senso apontam para a vida futura, onde o arrependimento, o esforço próprio e a misericórdia de Deus se associam, e permitem que o Espírito endividado perante a lei divina cumpra seu destino, buscando a renovação íntima, rumo à perfeição.

CAPÍTULO VII

As penas futuras
segundo o Espiritismo

33

SUA CONDUTA

Primeira Parte
Cap. VII – I

Analise sua conduta em certos momentos.

Na cólera.
Você esbraveja.
Maltrata os outros.
Justifica que é o fígado.
Mas a cólera não é do corpo, é do Espírito.

No azedume.
Você resmunga.
Incomoda o próximo.
Justifica que é hemorroida.
Mas o azedume não é do corpo, é do Espírito.

Na preguiça.
Você não ajuda.
Atrapalha o serviço alheio.
Justifica que é fraqueza orgânica.
Mas a preguiça não é do corpo, é do Espírito.

Não adianta responsabilizar o corpo por seus defeitos, porque um dia ele estará morto e você vai perceber que continua o mesmo.

34

É REALIDADE

Primeira Parte
Cap. VII – II

Preste atenção na sequência.

Corpo
Alma
Agonia
Morte
Libertação
Espírito
Vida
Consciência
Felicidade
Aflição

Arrependimento

Recompensa

Punição

Aprendizado

Oportunidade

Recuperação

Reencarnação

Nascimento

Alma

Corpo

🌿

O Espiritismo comprova este ciclo completo de experiência e evolução, através do contato direto com aqueles que vivem na dimensão espiritual, compreendendo a existência após a morte como ocasião de progresso.

Não é teoria, nem imaginação. É realidade.

35

É GARANTIA

Primeira Parte
Cap. VII – 1º a 3º

Cuide agora de seu futuro espiritual, cultivando a prática do bem.

Afaste a inveja.
E seja solidário.

Fuja da intolerância.
E seja paciente.

Elimine a cólera.
E seja calmo.

Livre-se do orgulho.
E seja humilde.

Descarte o egoísmo.
E seja fraterno.

Deixe a indiferença.
E seja bom.

Renuncie à desforra.
E seja indulgente.

Abandone o ódio.
E seja afetuoso.

🌿

Tanto quanto possível, aplique já, no dia a dia, as lições do Evangelho, na certeza de que as imperfeições do Espírito levam ao sofrimento na vida futura, ao passo que o esforço na renovação íntima é sempre garantia de alguma felicidade.

36

NÃO COMPLIQUE

Primeira Parte
Cap. VII – 4º e 5º

Não complique sua trajetória rumo à perfeição.

Irritação?
É atraso.
Siga com a calma.

Impaciência?
É obstáculo.
Afaste com a tolerância.

Vingança?
É abismo.
Transponha com o perdão.

Orgulho?
É recuo.
Avance com a humildade.

Grosseria?
É lentidão.
Acelere com a brandura.

Ódio?
É barreira.
Ultrapasse com o amor.

Egoísmo?
É erro.
Acerte com a caridade.

Avareza?
É defeito.
Repare com a doação.

É claro que você ainda comete enganos no caminho, porque não é perfeito. Contudo, se já conhece as lições do Evangelho, com toda a certeza pode fazer alguma força para ser menos imperfeito.

37

NÃO NEGUE

Primeira Parte
Cap. VII – 6º

Não negue ao próximo o bem que você pode fazer.

❧

Ao pedinte.
Que implora ajuda.

Ao desnudo.
Que pede agasalho.

Ao doente.
Que geme de dor.

À criança.
Que chora de fome.

Ao idoso.
Que suplica apoio.

À gestante.
Que roga auxílio.

Ao familiar.
Que está carente.

Ao amigo.
Que busca orientação.

✺

Dentro do possível, dê sua colaboração ao necessitado que lhe cruza o caminho, certo de que a contabilidade divina lança na coluna de débito tanto o mal que se faz, quanto o bem que se deixa de fazer.

38

RESULTADO

Primeira Parte
Cap. VII – 7º e 8º

Melhore sua conduta na vida diária.

Não se vingue.
Use o perdão.

Não agrida.
Seja brando.

Não minta.
Use a verdade.

Não despreze.
Seja fraterno.

Não se irrite.
Use a calma.

Não julgue.
Seja indulgente.

Não censure.
Use a tolerância.

Não ofenda.
Seja educado.

Não grite.
Use a paciência.

Não odeie.
Seja amoroso.

🌺

Afaste o mal e cultive o bem nas atitudes de cada dia, certo de que o sofrimento ou a felicidade relativa, que vai encontrar na vida futura, é sempre resultado de como você vive agora.

39

É DESPERDÍCIO

Primeira Parte
Cap. VII – 9º e 10º

A existência atual é a oportunidade para o resgate da dívida contraída no passado.

Doença incapacitante,
nos dias de hoje?
Desperdício de saúde,
nos dias de ontem.

Vida miserável,
nos dias de hoje?
Desperdício de riqueza,
nos dias de ontem.

Derrotas frequentes,
nos dias de hoje?
Desperdício de vitórias,
nos dias de ontem.

Fracassos de objetivos,
nos dias de hoje?
Desperdício de sucessos,
nos dias de ontem.

Casamento difícil,
nos dias de hoje?
Desperdício de afeto,
nos dias de ontem.

Família complicada,
nos dias de hoje?
Desperdício de paz,
nos dias de ontem.

Não se desanime diante das dificuldades nos dias de hoje, certo de que elas são consequências do desperdício de facilidades nos dias de ontem.

40

É A CONSCIÊNCIA

Primeira Parte
Cap. VII – 11º e 12º

O Espírito culpado paga hoje o erro de ontem.
A corrigenda é a expiação.

❧

Orgulho.
É a humilhação.

Indiferença.
É o isolamento.

Excesso.
É a restrição.

Avareza.
É a miséria.

Tirania.
É a submissão.

Abuso.
É a doença.

Esperteza.
É a deficiência.

Intriga.
É a mudez.

Egoísmo.
É a solidão.

Abandono.
É a orfandade.

🌿

De acordo com a Lei de Causa e Efeito, toda infração ao bem é punida, mas é a consciência do Espírito quem sinaliza a pena.

41

Examine

Primeira Parte
Cap. VII – 13º a 15º

Examine suas reações no cotidiano.

Está doente.
Suporta dor.
Vai ao médico.
Ou não se trata.
O mal acaba ou se prolonga.

Está na escola.
Tem aulas.
Estuda bem.
Ou não liga.
O curso acaba ou se prolonga.

Está na estrada.
Trecho curto.
Dirige sempre.
Ou para muito.
A viagem acaba ou se prolonga.

🌺

Da mesma forma que depende de você o resultado de seus atos na vida física, também na vida futura depende do Espírito culpado, conforme se comporta, abreviar ou prolongar seu tempo de sofrimento.

42

NÃO CONDENA

Primeira Parte
Cap. VII – 16º e 17º

O caminho para a paz de consciência é difícil e tem condições.

Há o arrependimento.
É o início da jornada.
O pensamento muda.
O erro é percebido.
E você reconhece a falta praticada.

Há a expiação.
É física ou moral.
A dor está presente.
Sinaliza o engano.
E você sofre pela falha cometida.

Há a reparação.
É o final do processo.
O bem orienta a ação.
Elimina o prejuízo.
E você repara o dano provocado.

❦

Deus permite a recuperação do Espírito culpado, de tal forma que a Justiça Divina não condena para sempre aquele que frequentou o mal, mas dá a ele a oportunidade do bem, através das vidas sucessivas.

43

ENTENDA

Primeira Parte
Cap. VII – 18º

Observe o que lhe acontece na vida.

🌺

Tem família.
É complicada.

Tem parente.
É difícil.

Tem filho.
É rebelde.

Tem irmão.
É implicante.

Tem mãe.
É indiferente.

Tem pai.
É agressivo.

Tem cônjuge.
É problemático.

Tem amigo.
É invejoso.

Tem chefe.
É exigente.

Tem colega.
É competitivo.

Não se aflija diante das dificuldades nos dias de hoje e entenda que a situação adversa agora é a oportunidade que você tem para corrigir os erros do passado, através da bênção da reencarnação.

44

DEUS ESPERA

Primeira Parte
Cap. VII – 19º

Você vive como quer.

❧

Recusa o auxílio.
E despreza o pedinte.

Irrita-se fácil.
E agride sempre.

Guarda rancor.
E quer a vingança.

Nega a verdade.
E usa a mentira.

Não tem tolerância.
E ofende o próximo.

Inventa o fato.
E espalha a intriga.

Age com orgulho.
E humilha o outro.

Responde mal.
E comete grosseria.

🌸

Seu livre-arbítrio lhe permite viver distante da bondade, mas é bom saber que Deus espera seu arrependimento, a fim de que você retorne ao caminho do bem.

45

VOCÊ DECIDE

Primeira Parte
Cap. VII – 20º e 21º

Veja como você é.

❧

Na conversa.
É grosseiro
ou educado?

No diálogo.
É prepotente
ou respeitoso?

No convívio.
É intolerante
ou paciente?

No negócio.
É abusivo
ou correto?

Na vida.
É egoísta
ou fraterno?

No grupo.
É irritado
ou calmo?

Na família.
É distante
ou solidário?

No trabalho.
É relapso
ou atencioso?

Você tem o livre-arbítrio para decidir entre o mal e o bem. Por isso mesmo, agora ou na vida futura, é o único responsável pelo sofrimento que corrige ou a paz duradoura de consciência.

46

SEU DESPERTAR

Primeira Parte
Cap. VII – 22º a 26º

Com a morte do corpo, o despertar do Espírito na vida futura vai depender do comportamento na vida física.

É tranquilo.
Com a vivência no bem.

É difícil.
Com a fixação ao corpo.

É decepcionante.
Com a crença no orgulho.

É deprimente.
Com a insistência na hipocrisia.

É solitário.
Com a teimosia no egoísmo.

É confuso.
Com a negação da alma.

É angustiante.
Com a ausência da paz.

É doloroso.
Com o apego à matéria.

Viva de acordo com os ensinamentos do Evangelho e morra de tal forma que seu despertar no mundo espiritual não lhe traga decepção e amargura.

47

Convém

Primeira Parte
Cap. VII – 27º

Convém reconhecer que situações da vida presente se prolongam na vida futura.

🌿

Mágoa?
Persiste.
Convém resolver.

Raiva?
Continua.
Convém desistir.

Ódio?
Prossegue.
Convém esquecer.

Inveja?
Permanece.
Convém afastar.

Hipocrisia?
Persevera.
Convém mudar.

Vingança?
Perdura.
Convém repelir.

Repare desde já, nos dias de hoje, as atitudes contrárias ao sentimento do bem, na certeza de que, após a morte do corpo, a presença delas na vida espiritual irá lhe trazer consequências difíceis e dolorosas.

48

EM FAMÍLIA

Primeira Parte
Cap. VII – 28º e 29º

Pai indiferente

Mãe obsessiva

Filho rebelde

Irmão hostil

Irmã sarcástica

Tio ganancioso

Tia bisbilhoteira

Sobrinho birrento

Sobrinha petulante

Primo antipático

Prima desaforada

Genro implicante

Nora insolente

Sogro intolerante

Sogra intrometida

Cunhado leviano

Cunhada enredeira

Marido irresponsável

Esposa interferente

Parente problemático

É a família. E nela se encontram hoje os desencontros de ontem, a fim de que você, diante deles, possa recomeçar agora a vivência do bem que não conseguiu realizar no passado.

49

É COBRANÇA

Primeira Parte
Cap. VII – 30º e 31º

V eja o que lhe acontece na existência atual.

É doente.
Caso sério.
Tenha paciência.

É mudo.
Caso triste.
Tenha tolerância.

É deficiente.
Caso penoso.
Tenha confiança.

É surdo.
Caso grave.
Tenha calma.

É deformado.
Caso doloroso.
Tenha coragem.

É paraplégico.
Caso complexo.
Tenha serenidade.

É raquítico.
Caso difícil.
Tenha esperança.

É feio.
Caso insolúvel.
Tenha resignação.

🌺

Não se revolte contra as situações difíceis que lhe trazem sofrimento nos dias de hoje, entendendo que tudo isso é cobrança aos desatinos que você cometeu em vidas passadas.

50

SEMPRE

Primeira Parte
Cap. VII – 32º

Você tem liberdade para decidir sua conduta.

❧

Vinga.
Ou perdoa a agressão.

Rumina.
Ou esquece a ofensa.

Devolve.
Ou releva a ironia.

Acusa.
Ou ignora o desprezo.

Reage.
Ou repele a provocação.

Briga.
Ou não liga ao insulto.

Participa.
Ou desconhece a intriga.

Perturba.
Ou pacifica a discussão.

Deus lhe dá o livre-arbítrio, para que você escolha o caminho a seguir. Por isso mesmo, em qualquer circunstância, o caminho escolhido é sempre responsabilidade sua.

51

É MISERICÓRDIA

Primeira Parte
Cap. VII – 33º

Não há dúvida de que a existência física está repleta de sofrimento.

🌺

É a doença do corpo.
Que incomoda.

É a alteração da mente.
Que tortura.

É a falta do essencial.
Que atormenta.

É o tumor repentino.
Que aflige.

É a emoção instável.
Que desorienta.

É a deficiência mental.
Que incapacita.

É a lesão orgânica.
Que inutiliza.

É a perda do filho.
Que deprime.

É a família difícil.
Que transtorna.

É o parente confuso.
Que perturba.

🌿

Por mais angustiante que lhe seja a vida agora, agradeça ao Alto a oportunidade da experiência no corpo, certo de que a reencarnação, ainda que sofrida, é misericórdia de Deus, preparando sua felicidade na vida futura.

CAPÍTULO VIII

Os anjos

52

Presença Angelical

Primeira Parte
Cap. VIII – 1 a 11

Veja o que você encontra no caminho.

A mãe dedicada.
Que cuida.

O pai benevolente.
Que protege.

O irmão afetuoso.
Que ampara.

O amigo sincero.
Que apoia.

O colega bom.
Que ajuda.

O médico devotado.
Que alivia.

A autoridade digna.
Que defende.

O mestre virtuoso.
Que orienta.

O professor leal.
Que ensina.

O serviçal fiel.
Que socorre.

Todos eles, que esquecem de si mesmos e se entregam de corpo e alma na assistência a alguém em necessidade, lembram, com toda a certeza, a presença de um anjo.

53

A CAMINHO

Primeira Parte
Cap. VIII – 12 a 15

Vocé conhece alguém diferente e se surpreende.

É bom.
E ajuda a todos.

É paciente.
E semeia a calma.

É caridoso.
E se dedica ao bem.

É justo.
E socorre o fraco.

É modesto.
E tem humildade.

É esperançoso.
E cultiva a fé no Alto.

É tolerante.
E age com bondade.

É sereno.
E transmite a paz.

É indulgente.
E perdoa a ofensa.

É fraterno.
E ama o próximo.

Esse alguém diferente, que lhe causa tanta surpresa, não é um anjo, mas pode ter certeza de que, com seu esforço no bem, está a caminho para ser um deles.

54

O MELHOR DE SI

Primeira Parte
Cap. VIII – 12 a 15

Seja sempre instrumento do bem.

🌿

Professor.
Ensine e seja dedicado.

Médico.
Atenda e seja humano.

Empresário.
Negocie e seja honesto.

Serviçal.
Trabalhe e seja correto.

Segurança.
Proteja e seja leal.

Camponês.
Produza e seja honrado.

Governante.
Governe e seja digno.

Juiz.
Julgue e seja justo.

Diretor.
Dirija e seja solidário.

Amigo.
Conviva e seja sincero.

🌿

Viva, em cada momento de sua atividade, as lições do Evangelho e, embora ainda não seja um anjo, dê ao próximo o melhor de si.

55

ANJO DO BEM

Primeira Parte
Cap. VIII – 12 a 15

Preste atenção à figura simples que passa e veja o que faz.

Visita o casebre.
Dá a ajuda.
E conforta.

Visita o faminto.
Dá o pão.
E ampara.

Visita o doente.
Dá o remédio.
E alivia.

Visita o idoso.
Dá o abraço.
E sorri.

Visita a gestante.
Dá o enxoval.
E encoraja.

Visita o deficiente.
Dá o apoio.
E consola.

Para você, a figura simples e generosa é apenas um ser humano que se esforça na busca do amor ao próximo, mas para aqueles que recebem seu amor, aonde chega, é o anjo do bem.

56

PERFEIÇÃO ANGELICAL

Primeira Parte
Cap. VIII – 12 a 15

Fique calmo.
E não se irrite.

Atenda o apelo.
E seja fraterno.

Modere o verbo.
E não agrida.

Eduque os olhos.
E enxergue o bem.

Use sinceridade.
E não minta.

Controle a língua.
E evite a ofensa.

Tenha caridade.
E não julgue.

Vigie o ouvido.
E recuse a intriga.

Considere o outro.
E não critique.

Cultive o afeto.
E ame o próximo.

Fuja do orgulho.
E não humilhe.

Veja à sua volta.
E afaste o egoísmo.

Aja com modéstia.
E não se exiba.

Abra o coração.
E exclua a avareza.

Faça sua transformação moral, conforme os ensinamentos do Evangelho e, quando conquistar a perfeição, você será tão perfeito quanto um anjo.

CAPÍTULO IX

Os demônios

57

PARA VOCÊ

Primeira Parte
Cap. IX – 1 a 6

A brisa calma.
Ou o furacão agressivo.

O ar puro.
Ou a fumaça tóxica.

A chuva mansa.
Ou o temporal violento.

A montanha serena.
Ou o vulcão em chama.

O perfume da flor.
Ou o cheiro do pântano.

O céu limpo.
Ou a nuvem carregada.

O relâmpago útil.
Ou o raio destrutivo.

O canto da ave.
Ou o rugido da fera.

O rio benfazejo.
Ou a enchente chocante.

O fogo que aquece.
Ou o incêndio que mata.

🌿

Para você são situações diferentes nos movimentos da Natureza. Contudo, para aqueles que ainda não atingiram a compreensão maior da vida são manifestações do bem ou do mal.

58

Princípio do bem

Primeira Parte
Cap. IX – 1 a 6

Viva de acordo com o princípio do bem.

Com bondade.
E seja benevolente.

Com paciência.
E seja calmo.

Com tolerância.
E seja indulgente.

Com harmonia.
E seja pacífico.

Com esperança.
E seja confiante.

Com caridade.
E seja solidário.

Com fé.
E seja autêntico.

Com amor.
E seja bom.

Com modéstia.
E seja humilde.

Com brandura.
E seja amável.

Com perdão.
E seja fraterno.

Com sinceridade.
E seja verdadeiro.

Siga as lições de Jesus e faça de sua vida exemplo de transformação moral, a fim de que, onde você esteja, reconheça que o mal é transitório e o bem é para sempre.

59

Aquele irmão

Primeira Parte
Cap. IX – 7 a 19

Existe, sim, no outro lado da vida, alguém que desconhece o amor ao próximo.

Mente.
E engana.

Injuria.
E agride.

Odeia.
E se vinga.

Inveja.
E prejudica.

Zomba.
E perturba.

Ilude.
E magoa.

Intriga.
E confunde.

Provoca.
E ameaça.

Domina.
E maltrata.

Abusa.
E se diverte.

🌣

Alguém que se compraz no exercício do mal não é um demônio, mas apenas aquele irmão, cuja visão interior ainda não lhe permitiu enxergar o caminho do bem.

60

REGENERAÇÃO

Primeira Parte
Cap. IX – 20 a 23

Observe a conduta de alguém.

🌺

É grosseiro
e maltrata.

É vingativo
e não perdoa.

É colérico
e agride.

É mesquinho
e não ajuda.

É orgulhoso
e humilha.

É egoísta
e não divide.

É intolerante
e perturba.

É odiento
e não ama.

🌸

Alguém que se comporta assim, no corpo ou fora dele, não é entidade demoníaca, mas uma alma criada por Deus, dotada de livre-arbítrio para se arrepender do mal que faz e buscar a própria regeneração no clima do bem.

61

DESISTA

Primeira Parte
Cap. IX – 20 a 23

Desista da condição inferior e mude para melhor.

Agressivo?
Aja com brandura.

Egoísta?
Seja fraterno.

Maldoso?
Aja com bondade.

Arrogante?
Seja humilde.

Hipócrita?
Aja com franqueza.

Violento?
Seja pacífico.

Cruel?
Aja com caridade.

Invejoso?
Seja solidário.

Vingativo?
Aja com perdão.

Intolerante?
Seja indulgente.

Não estacione no atraso espiritual e mantenha o esforço da renovação íntima pelo roteiro do Evangelho, na certeza de que nenhum ser foi criado por Deus para estar sempre no mal.

CAPÍTULO X

Intervenção dos demônios nas modernas manifestações

62

TAMBÉM

Primeira Parte
Cap. X – 1 a 19

Plantas desiguais brotam das mesmas sementes lançadas à terra.

Umas, mais altas.
Outras, menos.

Umas, mais robustas.
Outras, delgadas.

Umas, mais resistentes.
Outras, menos.

Umas, mais fortes.
Outras, frágeis.

Umas, mais produtivas.
Outras, menos.

Umas, mais firmes.
Outras, vacilantes.

Umas, mais verdes.
Outras, menos.

Umas, mais acolhedoras.
Outras, indiferentes.

🌺

Assim como de sementes iguais nascem plantas diferentes entre si, também as almas criadas igualmente por Deus evoluem de maneira diversa.

Umas, mais ligadas ao bem.

Outras, menos.

63

QUANDO

Primeira Parte
Cap. X – 1 a 19

Quando a manifestação do outro lado da vida recomenda

a calma
e não a cólera;

a fé
e não a aflição;

a esperança
e não o desespero;

a verdade
e não a mentira;

a franqueza
e não a hipocrisia;

a caridade
e não o egoísmo;

a modéstia
e não a ostentação;

a paz
e não a discórdia;

a humildade
e não o orgulho;

a brandura
e não a violência;

o perdão
e não a vingança;

o amor
e não, o ódio;

    quando o outro lado da vida aconselha o bem, e não o mal, é imperioso concluir que tal recomendação não é dos demônios. Caso seja, é preciso admitir que eles mudaram de opinião.

64

ELES TAMBÉM

Primeira Parte
Cap. X – 1 a 19

Há no mundo os que vivem à sua maneira.

Enganadores.
E honestos.

Falsos.
E verdadeiros.

Hipócritas.
E sinceros.

Arrogantes.
E simples.

Vaidosos.
E modestos.

Egoístas.
E solidários.

Dissimulados.
E autênticos.

Ignorantes.
E instruídos.

Agressivos.
E brandos.

Irônicos.
E respeitosos.

🌿

Eles também estão no outro lado da vida, de forma que, quando se manifestam através da mediunidade, não são anjos nem demônios, apenas Espíritos de evolução diferente.

65

IMAGINE

Primeira Parte
Cap. X – 1 a 19

Imagine você, após a morte do corpo, manifestando-se através da mediunidade.

🌿

Consolando.
A mãe consternada.

Falando.
Ao pai pesaroso.

Aconselhando.
O filho desorientado.

Confortando.
A esposa desolada.

Aliviando.
O irmão saudoso.

Incentivando.
O familiar abatido.

Encorajando.
O parente solitário.

Alentando.
O companheiro triste.

Fortalecendo.
O amigo inseguro.

Recomendando.
A todos a concórdia.

🦋

Imagine, pois, para sua decepção, que apesar de todo o seu esforço na palavra do bem, ainda assim alguém vai dizer que você é um demônio.

66

É ESTRANHO

Primeira Parte
Cap. X – 1 a 19

Você observa que mensagens espirituais têm conteúdo elevado.

🌿

Incentivam o bem
e a caridade ao próximo.

Falam de amor
e de bondade a todos.

Recomendam a paz
e a vivência da harmonia.

Exaltam o perdão
e o esquecimento da ofensa.

Defendem a humildade
e a rejeição ao orgulho.

Apoiam a fraternidade
e o abandono do egoísmo.

Estimulam a brandura
e o repúdio à violência.

Aconselham a verdade
e a repulsa à mentira.

Lembram a esperança
e a distância ao desespero.

Encorajam a fé em Deus
e a renúncia à descrença.

🌺

Entretanto, apesar do conteúdo elevado e do estímulo à conduta pautada pelas lições do Evangelho, alguns religiosos afirmam que as mensagens mediúnicas são ditadas por demônios. É estranho, mas acontece.

67

Serão eles

Primeira Parte
Cap. X – 1 a 19

São vários os comunicantes na vida diária.

Professores.
Que ensinam.

Sábios.
Que orientam.

Cientistas.
Que informam.

Teatrólogos.
Que escrevem.

Poetas.
Que versejam.

Jornalistas.
Que noticiam.

Críticos.
Que opinam.

Cronistas.
Que comentam.

Ficcionistas.
Que inventam.

Escritores.
Que confundem.

Todos comunicam por si mesmos. Contudo, com a morte do corpo e já no outro lado da vida, serão eles também, e não demônios, os autores das comunicações mediúnicas.

CAPÍTULO XI

Da proibição
de evocar os mortos

68

Adivinhações

Primeira Parte
Cap. XI – 1 a 15

Você vive uma situação e pergunta ao mundo espiritual se vai dar certo.

É negócio.
Vai crescer?

É namoro.
Vai voltar?

É passeio.
Vai divertir?

É casamento.
Vai durar?

É prêmio.
Vai ganhar?

É saúde.
Vai melhorar?

É viagem.
Vai acontecer?

É dinheiro.
Vai aumentar?

É doença.
Vai sarar?

É competição.
Vai vencer?

🌿

Resolva seus problemas por si mesmo com bom senso e conhecimento, na certeza de que consultas espirituais dessa natureza são inconvenientes, pois os Espíritos que se divertem com adivinhações não têm compromisso com o bem.

69

SE VOCÊ

Primeira Parte
Cap. XI – 1 a 15

Se você consulta seriamente

o médico
e tem o tratamento,

o professor
e tem a resposta,

o orientador
e tem a diretriz,

o policial
e tem a proteção,

o juiz
e tem a decisão,

a autoridade
e tem a segurança,

o terapeuta
e tem o atendimento,

o conselheiro
e tem a opinião,

o lojista
e tem a atenção,

o repórter
e tem a notícia,

se, na vida física, você age seriamente e alguém lhe atende com seriedade, fique certo de que o mesmo acontece na comunicação espiritual. Se a consulta é séria, a resposta também é.

70

Prova evidente

Primeira Parte
Cap. XI – 1 a 15

A comunicação mediúnica através do Espiritismo permite enorme abertura ao conhecimento espiritual.

Alma?
Demonstra a sobrevivência.

Espírito?
Comprova a presença concreta.

Inferno?
Desmistifica a existência.

Céu?
Mostra que está na intimidade.

Evolução?
Define como objetivo maior.

Renascimento?
Confirma a necessidade.

Moral?
Busca no ensinamento do Cristo.

Evangelho?
Traz de volta com autenticidade.

🌿

A comunicação espírita é prova evidente de imortalidade, qualquer que seja seu conteúdo e autor, o Espírito elevado até a angelitude ou aquele outro que ainda se compraz no atraso espiritual.

SEGUNDA PARTE / *Exemplos*

CAPÍTULO I

A passagem

71

NOVA DIMENSÃO

Segunda Parte
Cap. I – 1 a 15

Não se desespere no instante inevitável da morte.

Tenha confiança.
A transição acontece na hora certa.

Sustente a fé.
A certeza da vida futura tranquiliza.

Ore com convicção.
A assistência espiritual existe sempre.

Conserve a calma.
A harmonia interior garante a paz.

🌿

Realmente, não é fácil o momento final da existência física. Contudo, é preciso entender que o mais importante não é o que termina, mas a vida que você começa em nova dimensão.

72

ATITUDE IGUAL

Segunda Parte
Cap. I – 1 a 15

Na vida, você tem atitudes que chamam a atenção.

🐝

Tem a roupa.
Está bastante usada.
Pode vestir outra nova.
Mas se apega à roupa puída.

Tem o sapato.
Está bastante gasto.
Pode calçar outro melhor.
Mas se apega ao sapato surrado.

Tem os óculos.

Estão bastante riscados.

Pode trocá-los por outros.

Mas se apega aos óculos antigos.

🐝

Por ocasião da morte, sua atitude pode ser igual. Tem o corpo. A vitalidade está no fim. A alma quer se libertar. Mas você se apega ao corpo agonizante.

73

CONDUTA

Segunda Parte
Cap. I – 1 a 15

Na rotina de cada dia, você age de maneira imprópria.

Tem relógio.
Está bem alterado.
Mas continua a usá-lo.

Tem carro.
Está muito acabado.
Mas não se desliga dele.

Tem casa.

Está condenada.

Mas não aceita deixá-la.

🌾

Tal conduta, no momento da morte, prejudica o desprendimento da alma, quando seu corpo já está no fim, mas você insiste em permanecer nele.

74

PERTURBAÇÃO FINAL

Segunda Parte
Cap. I – 1 a 15

Imagine certas situações com você na existência física.

O sono.

É profundo.

Há perturbação ao despertar.

E você cultiva pensamentos vagos.

O acidente.

É concussão.

Há perturbação cerebral.

E você pronuncia frases incoerentes.

O coma.

É acordado.

Há perturbação em vigília.

E você tem comportamento incerto.

🐦

Isto também acontece no término da vida física. O corpo agoniza. A alma se desprende. Surge a perturbação final. E você age de maneira confusa.

75

EM PAZ

Segunda Parte
Cap.I – 1 a 15

M elhore a si mesmo com a vivência no bem.

Seja resignado.
E tenha fé.

Seja calmo.
E tenha paciência.

Seja humilde.
E tenha modéstia.

Seja indulgente.
E tenha compaixão.

Seja fraterno.
E tenha caridade.

Seja afável.
E tenha brandura.

Seja bom.
E tenha tolerância.

Seja você.
E tenha amor.

Valorize os ensinamentos do Evangelho e viva de tal forma que, mais tarde, na transição para a vida espiritual, sua consciência esteja em paz.

CAPÍTULO II

Espíritos felizes

76

Pratique o bem

Segunda Parte
Cap. II - Sanson

Siga as lições de Jesus na convivência diária.

Deixe o egoísmo.
E use a bondade.

Deixe a vingança.
E use o perdão.

Deixe o orgulho.
E use a humildade.

Deixe a aflição.
E use a esperança.

Deixe o ódio.
E use o amor.

Deixe a violência.
E use a tolerância.

🌿

Mantenha o esforço da transformação moral e pratique sempre o bem, a fim de que, mais tarde, no instante da morte, o bem encontre você.

77

GARANTIA DE PAZ

Segunda Parte
Cap. II - Jobard

Faça caridade.

🌿

Com o sorriso.
Que apoia.

Com o abraço.
Que conforta.

Com a palavra.
Que anima.

Com o perdão.
Que alivia.

Com o estímulo.
Que reergue.

Com a tolerância.
Que pacifica.

🌿

Ajude sempre, na certeza de que a caridade que você faz agora é garantia de paz no futuro, após a morte.

78

NÃO ESQUEÇA

Segunda Parte
Cap. II - Samuel

Perdoe sempre.

🌹

A ofensa.
Que machuca.

A agressão.
Que dói.

A ironia.
Que incomoda.

O desprezo.
Que atormenta.

A indiferença.
Que afasta.

A palavra.
Que humilha.

❧

Não esqueça o perdão na convivência diária, certo de que ele pacifica a consciência e, no final da existência física, torna mais fácil a transição para a vida espiritual.

79

TROPEÇOS

Segunda Parte
Cap. II – Van Durst

Renove-se intimamente.

❧

Com o perdão.
E o esquecimento da ofensa.

Com a humildade.
E o abandono do orgulho.

Com a brandura.
E a rejeição à violência.

Com a verdade.
E a repulsa à mentira.

Com a fé.

E a renúncia à descrença.

Com a caridade.

E o repúdio ao egoísmo.

🌼

Claro que é importante não fazer o mal. Contudo, não deixe de aplicar o roteiro do Evangelho em sua vivência diária, na certeza de que, sem o esforço da renovação íntima, a passagem para a vida espiritual tem alguns tropeços.

80

TRÂNSITO FÁCIL

Segunda Parte
Cap. II – Sixdeniers

Tenha fé.

No amor.
Que extingue o ódio.

No bem.
Que desmancha o mal.

Na caridade.
Que afasta o egoísmo.

No perdão.
Que desfaz a represália.

No Alto.
Que ampara sempre.

Na prece.
Que eleva a alma.

Em Jesus.
Que é nosso Irmão Maior.

Em Deus.
Que é o Pai Amantíssimo.

🌺

Mantenha sempre a confiança na ajuda divina, mas também tenha fé na vida futura, pois a presença dela, na ocasião da morte, é trânsito fácil para a vida espiritual.

81

Tenha dedicação

Segunda Parte
Cap. II – Demeure

T enha dedicação

Ao doente.
Em sofrimento.

Ao irmão.
Em penúria.

Ao amigo.
Em confusão.

Ao familiar.
Em necessidade.

À criança.
Em crescimento.

Ao idoso.
Em desengano.

A dedicação ao próximo enriquece de paz a alma que se liberta do corpo, na passagem para a vida espiritual.

82

AMENIDADE

**Segunda Parte
Cap. II – Foulon**

Seja ameno no contato com o semelhante.

Com o sorriso.
Aberto e espontâneo.

Com a voz.
Mansa e sincera.

Com o gesto.
Brando e amável.

Com a palavra.
Franca e sincera.

Com a pergunta.
Simples e respeitosa.

Com a resposta.
Coerente e afável.

Com a decisão.
Clara e cortês.

Com o argumento.
Lógico e equilibrado.

🌺

A amenidade do caráter na convivência com o próximo, durante a existência física, cria na alma o clima de paz e bondade que se prolonga na vida espiritual, após a morte do corpo.

83

Fator de paz

Segunda Parte
Cap. II – Russo

Valorize a inteligência e o sentimento.

A leitura.
E a tolerância.

A escrita.
E o perdão.

O cálculo.
E a bondade.

O conhecimento.
E o bem.

A cultura.

E a indulgência.

O tirocínio.

E a humildade.

🌺

Cultive o aprendizado intelectual, mas não esqueça os ensinamentos do Evangelho, certo de que a renovação íntima é fator de paz na vida espiritual.

84

ALÍVIO CERTO

Segunda Parte
Cap. II – Bernardin

Diante da provação, busque o alívio certo.

Doença?
É a esperança.

Aflição?
É a fé.

Miséria?
É o esforço.

Humilhação?
É a calma.

Ofensa?
É o esquecimento.

Abandono?
É a paz.

Desprezo?
É o perdão.

Fracasso?
É a persistência.

🌿

Ainda que sob provação dolorosa, viva o clima do bem, a fim de que o bem seja o clima de sua alma, na vida espiritual.

85

Prova de risco

Segunda Parte
Cap. II – Paula

Se você tem a riqueza, preste atenção.

Gaste.
Com equilíbrio.
E conheça o essencial.

Guarde.
Sem avareza.
E reserve o suficiente.

Ganhe.
Com retidão.
E construa o progresso.

Use.
Sem exagero.
E viva sem ostentação.

Aplique.
Com bom senso.
E aja para o bem de todos.

A riqueza é prova de risco na existência física, mas tratada de acordo com as leis divinas é certeza de tranquilidade na vida espiritual.

86

SEGURANÇA

Segunda Parte
Cap. II – Reynaud

Pratique o bem.

🐝

Atenda.
O pedinte.

Ajude.
O faminto.

Conforte.
O doente.

Console.
O aflito.

Encoraje.
O idoso.

Auxilie.
A criança.

A prática do bem, em qualquer circunstância, é segurança de paz na vida espiritual, após a morte do corpo.

87

CONSERVE A FÉ

Segunda Parte
Cap. II – Costeau

Conserve a fé em qualquer circunstância.

Na vitória.
E na derrota.

Na saúde.
E na doença.

Na alegria.
E na tristeza.

No sucesso.
E no fracasso.

Na harmonia.
E na aflição.

No ânimo.
E na fraqueza.

🌺

Mantenha sempre a confiança no Alto, certo de que, na passagem para o mundo espiritual, a morte é caminho para a vida.

88

Esteja certo

Segunda Parte
Cap. II – Emma

Sustente o equilíbrio diante da provação.

Doença aflitiva?
Mantenha a calma.
E siga se aliviando.

Família complicada?
Conserve a tolerância.
E continue convivendo.

Companheiro difícil?
Cultive mais paciência.
E permaneça ajudando.

Vida atribulada?
Tenha conformação.
E prossiga aceitando.

❧

Esteja certo de que a vivência resignada da provação dolorosa vai permitir, no momento da morte do corpo, a transição serena da alma para a vida espiritual.

89

SITUAÇÕES EFÊMERAS

Segunda Parte
Cap. II – Vignal

Observe algumas situações da vida física.

Riqueza.
Um dia, acaba.
Saiba se adaptar.

Prestígio.
Um dia, diminui.
Saiba se conformar.

Poder.
Um dia, some.
Saiba se ajustar.

Fama.
Um dia, reduz.
Saiba compreender.

Saúde.
Um dia, encolhe.
Saiba viver de acordo.

Aprenda a se desprender das situações efêmeras, a fim de que, mais adiante, no momento da morte, sua alma saiba se separar em paz do corpo agonizante.

90

SEJA BENEVOLENTE

Segunda Parte
Cap. II – Victor

Seja benevolente.

❧

Com a família.
Que precisa de você.

Com o parente.
Que peleja em silêncio.

Com o amigo.
Que tem necessidade.

Com o colega.
Que solicita ajuda.

Com o mendigo.
Que lhe estende a mão.

Com alguém.
Que está em sofrimento.

🌿

Ainda que a experiência física lhe seja agora difícil e penosa, use de benevolência com quem lhe roga apoio, certo de que, agindo assim, você prepara com êxito sua felicidade na vida futura.

91

QUALIDADES MORAIS

Segunda Parte
Cap. II – Gourdon

Cultive as qualidades morais.

A paciência.
Que afasta a cólera.

A tolerância.
Que semeia a harmonia.

A verdade.
Que afasta a mentira.

A indulgência.
Que semeia a concórdia.

A caridade.
Que afasta o egoísmo.

O perdão.
Que semeia a paz.

A humildade.
Que afasta o orgulho.

O amor.
Que semeia o bem.

❦

Viva de acordo com os ensinamentos do Evangelho, a fim de que, chegando ao mundo espiritual, você tenha a consciência tranquila por não ter faltado ao dever da renovação íntima.

92

Seja resignado

Segunda Parte
Cap. II – Maurice

Seja resignado diante das provações.

Da angústia.
Que maltrata a alma.

Da dor.
Que consome o corpo.

Da dúvida.
Que influi na atividade.

Da doença.
Que altera a saúde.

Do desprezo.
Que afasta a convivência.

Da paresia.
Que afeta o movimento.

Da perda.
Que estimula a revolta.

Do acidente.
Que anula a oportunidade.

✿

A resignação diante das provações na experiência física cultiva na alma a paz necessária, quando da morte do corpo e da passagem para a vida espiritual.

CAPÍTULO III

Espíritos numa condição mediana

93

SEJA HONESTO

Segunda Parte
Cap. III – Bré

Cultive a calma.
E seja paciente.

Adote o perdão.
E rejeite a vingança.

Cultive a bondade.
E seja tolerante.

Adote a concórdia.
E rejeite o conflito.

Cultive a paz.
E seja indulgente.

Adote a humildade.
E rejeite o orgulho.

Cultive a caridade.
E seja fraterno.

Adote o bem.
E rejeite o mal.

Cultive a fé.
E seja solidário.

Adote o amor.
E rejeite o ódio.

🌾

Seja honesto com Deus, respeitando as leis divinas, a fim de que você não perca tempo no esforço da transformação moral.

94

TROQUE LOGO

Segunda Parte
Cap. III – Hélène

Troque logo as futilidades da vida pela conduta mais séria.

🌿

O descaso.
Pela ponderação.

A indiferença.
Pelo dever.

O comodismo.
Pela iniciativa.

A frivolidade.
Pelo interesse.

A negligência.
Pelo cuidado.

A ociosidade.
Pelo trabalho útil.

🌿

A seriedade perante os compromissos na experiência física é elemento importante do aperfeiçoamento espiritual e facilita de algum modo a passagem da alma para a vida espiritual, por ocasião da morte do corpo.

95

PERTURBAÇÕES

Segunda Parte
Cap. III – Marquês

Evite perturbações nas atividades do dia a dia.

Problema?
Solucione de acordo.

Família?
Conviva em paz.

Casamento?
Conserve a harmonia.

Decepção?
Mantenha a calma.

Trabalho?
Exerça com dedicação.

Dificuldade?
Sustente a confiança.

Pendência?
Resolva com acerto.

Missão?
Cumpra com eficiência.

Não permita que situações de qualquer natureza perturbem seus compromissos com as leis divinas, pois a perturbação de hoje na vida física pode ser também a perturbação de amanhã na vida espiritual.

96

CREIA

Segunda Parte
Cap. III – Cardon

Creia nas leis divinas.

🌿

Na caridade.
Que liberta e salva.

Na paciência.
Que sabe esperar.

Na resignação.
Que aceita o inevitável.

Na piedade.
Que comove e ajuda.

No perdão.
Que garante a paz.

Na tolerância.
Que semeia a concórdia.

Na prece.
Que consola e eleva.

Na bondade.
Que conforta e alivia.

Creia no amor de Deus que lhe mostra o caminho do bem, a fim de que o bem seja seu caminho para a felicidade na vida espiritual.

97

CAMINHO BOM

Segunda Parte
Cap. III – Eric

Escolha o caminho bom.

 Do trabalho.
 Que dignifica.

 Da verdade.
 Que enobrece.

 Do perdão.
 Que eleva.

 Da concórdia.
 Que pacifica.

Da tolerância.
Que acalma.

Da caridade.
Que ampara.

Da indulgência.
Que releva.

Do amor.
Que sublima.

Entenda, pois, que a reforma íntima pela vivência dos ensinamentos do Evangelho é o caminho bom que, após a morte do corpo, conduz a alma para a vida espiritual sem sofrimento.

98

PORQUE

Segunda Parte
Cap. III – Anna

Mantenha sempre a esperança.

Na bondade.
Porque a bondade ampara.

No amor.
Porque o amor acolhe.

Na fé.
Porque a fé confia.

No perdão.
Porque o perdão absolve.

Na tolerância.
Porque a tolerância suporta.

Na caridade.
Porque a caridade socorre.

Na verdade.
Porque a verdade liberta.

Na paciência.
Porque a paciência sustenta.

Mantenha sempre a esperança em Deus, porque Deus é Pai e oferece a você a oportunidade do bem, para que o bem o conduza à felicidade.

Capítulo IV

Espíritos sofredores

99

Acontece

Segunda Parte
Cap. IV – Novel

Acontece muitas vezes com você.

Erra.
Reconhece.
Corrige.
E sofre.

Agride.
Percebe.
Arrepende.
E sofre.

Engana.
Enxerga.

Desfaz.
E sofre.

Maldiz.
Nota.
Desmente.
E sofre.

❧

É assim que acontece também com o Espírito culpado, após a morte do corpo. Ele se perturba. Recobra a lucidez. Tem remorso. Quer mudar. Mas sofre e se envergonha pelas faltas cometidas.

100

PASSAGEM CONFUSA

Segunda Parte
Cap. IV – Auguste

Você não faz o mal, mas não se importa com o bem.

🌿

Não julga,
mas desconfia.

Não agride,
mas irrita.

Não nega,
mas afasta.

Não ofende,
mas critica.

Não humilha,
mas zomba.

Não despreza,
mas desconhece.

🌿

Se, na experiência do corpo físico, você não faz
o mal, mas vive de tal forma que o bem não exista,
então a passagem para a vida espiritual será difícil e
confusa.

101

BEM

Segunda Parte
Cap. IV – Boêmio

Atenda as suas necessidades no mundo com o pensamento elevado.

Alimento?
Coma, mas sem excesso.

Sexo?
Faça, mas com equilíbrio.

Festa?
Frequente, mas sem abuso.

Passeio?
Aproveite, mas com moderação.

Riqueza?
Possua, mas sem egoísmo.

Distração?
Participe, mas com sensatez.

Prazeres?
Satisfaça, mas sem exagero.

Direitos?
Defenda, mas com nobreza.

🌿

Viva no mundo como todos vivem, mas traga o coração impregnado do bem, a fim de que amanhã, na vida espiritual, o bem esteja com você.

102

SEUS RECURSOS

Segunda Parte
Cap. IV – Lisbeth

Preste atenção em suas atitudes na vivência diária.

🌸

Tem riqueza?
Não seja egoísta.

É professor?
Lecione com afeto.

Tem beleza?
Não seja leviano.

É culto?
Ensine o outro.

Tem talento?
Não seja vaidoso.

É saudável?
Ampare o enfermo.

Tem poder?
Não seja prepotente.

É autoridade?
Exerça com justiça.

❧

Use seus recursos sempre de acordo com as leis divinas, a fim de que sua conduta no corpo não seja motivo de perturbação na vida espiritual.

103

É DESASTRE

Segunda Parte
Cap. IV – Ouran

Na vida física, existem situações desastrosas.

🌿

Há o temporal.
Chuva impetuosa.
Ventania agressiva.
Destruição ampla.
E o sofrimento acontece.

Há o terremoto.
Tremores repetidos.
Crateras profundas.
Regiões arruinadas.
E o sofrimento acontece.

Há a enchente.
Rios caudalosos.
Águas violentas.
Mortes e danos.
E o sofrimento acontece.

🌿

Na vida moral, também existem situações indesejáveis. Há o orgulho. É desastroso. É ilusório. E quando, após a morte do corpo, o Espírito se dá conta do engano, o sofrimento acontece.

104

CAMINHO RETO

Segunda Parte
Cap. IV – Lavic

Mantenha o compromisso com a transformação moral.

Ofensa?
Use o perdão.

Orgulho?
Seja humilde.

Agressão?
Use a brandura.

Cólera?
Seja calmo.

Descrença?
Use a fé.

Egoísmo?
Seja fraterno.

Intolerância?
Use a paciência.

Ódio?
Seja amorável.

🌿

Siga, pois, o caminho reto da renovação íntima, a fim de que, mais adiante, o bem lhe traga paz na passagem para a vida espiritual.

105

REAÇÃO PUNITIVA

Segunda Parte
Cap. IV – Bertin

Cuide de sua conduta no dia a dia.

Prejuízo?
Não cause.

Ofensa?
Não faça.

Agressão?
Não pratique.

Calúnia?
Não levante.

Abuso?
Não cometa.

Desforra?
Não execute.

Intriga?
Não espalhe.

Delito?
Não perpetre.

🐝

Evite as atitudes lesivas ao próximo, na certeza de que o dano dirigido a alguém é ação que provoca reação punitiva no autor do mal, em dado momento da vida, no corpo ou fora dele.

106

Apego aos bens

Segunda Parte
Cap. IV – Riquier

Não se apegue ao interesse material.

Casa?
More bem.
Mansão ou choupana.
Não importa o tamanho.
Mas não seja escravo dela.

Carro?
Use sempre.
Qualquer marca.
Não importa o modelo.
Mas não fique obcecado por ele.

Terra?
Viva nela.
Extensa ou não.
Não importa se viável.
Mas não se agarre ao chão.

Corpo?
Cuide dele.
Bonito ou feio.
Não importa se saudável.
Mas não se fixe na aparência.

Use com equilíbrio os bens terrenos, entendendo que o apego a eles é causa de perturbação severa na vida espiritual, o que significa que você pode possuir tantos bens quantos queira, desde que não seja possuído por eles.

107

NÃO DESPREZE

Segunda Parte
Cap. IV – Claire

Não despreze a oportunidade de fazer o bem.

Alguém pede a esmola.
Não questione.
Auxilie.

Alguém fala de doença.
Não discuta.
Ampare.

Alguém está faminto.
Não demore.
Socorra.

Alguém surge maltrapilho.
Não espere.
Ajude.

Alguém precisa de um rumo.
Não desconheça.
Oriente.

Alguém sofre em silêncio.
Não duvide.
Console.

Renove seu interior com as bênçãos do Evangelho e vença o egoísmo que o afasta do bem, a fim de que, em qualquer circunstância, você possa amar o próximo como ama a si mesmo.

108

ATITUDE FRATERNA

Segunda Parte
Cap. IV – Claire

Seja fraterno com o próximo.

    Ao idoso.
    Dê o amparo.

    À criança.
    Estenda a mão.

    Ao desnudo.
    Dê o agasalho.

    Ao faminto.
    Estenda o pão.

Ao doente.
Dê o remédio.

Ao fraco.
Estenda o apoio.

Ao infeliz.
Dê o consolo.

Ao sofredor.
Estenda a paz.

🌼

A atitude fraterna é poderoso antídoto contra o egoísmo, além de importante contribuição ao aperfeiçoamento íntimo, dando à alma, no final da existência física, mais lucidez e tranquilidade na passagem para a vida espiritual.

109

Seu orgulho

Segunda Parte
Cap. IV – Claire

Analise o que acontece à sua volta.

Árvore útil.
Copa espessa.
Folhagem verde.
Ramaria saudável.
Mas a praga anuncia o desastre.

Prédio firme.
Paredes fortes.
Construção sólida.
Cômodos ocupados.
Mas o mofo anuncia o desastre.

Carro veloz.

Motor potente.

Modelo avançado.

Interior confortável.

Mas a imprudência anuncia o desastre.

❧

Isso também pode lhe acontecer. Você é capaz. É talentoso. É admirado. Mas seu orgulho anuncia o desastre na vida espiritual.

110

SUA INDIFERENÇA

Segunda Parte
Cap. IV – Claire

Não fique indiferente ao próximo.

🌺

Saudação?
Responda.

Sorriso?
Devolva.

Pedido?
Atenda.

Companhia?
Faça.

Apoio?
Dê.

Visita?
Receba.

Desabafo?
Ouça.

Ajuda?
Agilize.

Gentileza?
Agradeça.

Simpatia?
Retribua.

🌿

Seja sempre solidário aos que lhe cruzem o caminho, pois sua indiferença de hoje será sentida amanhã, no mundo espiritual, como sentimento de abandono na própria intimidade.

CAPÍTULO V

Suicidas

111

AMARGURA MAIOR

Segunda Parte
Cap. V – O Suicida

Você passa por situações amargas na família.

🍂

Desprezo.
É desagradável.
Dói na intimidade.
Mas é preciso evitar o desânimo.

Indiferença.
É bem dolorosa.
Destrói a convivência.
Mas é preciso evitar a aflição.

Ironia.
É provocante.

Visa à humilhação.
Mas é preciso evitar a revolta.

Abandono.
É muito triste.
Aumenta a solidão.
Mas é preciso evitar o desespero.

Não desista de seus compromissos na experiência física por causa de certas amarguras, pois a morte do corpo através do suicídio resulta sempre em amargura maior na vida espiritual.

112

COMPLICAÇÃO

Segunda Parte
Cap. V – O Pai

Entenda com a reencarnação as dificuldades de cada dia.

🌿

Doença grave.
É o resgate de débitos antigos.

Família difícil.
É o reencontro com o passado.

Filho rebelde.
É o compromisso com o futuro.

Parente agressivo.
É o inimigo de vidas anteriores.

Companheiro ausente.
É o desafeto de outros tempos.

Amigo problemático.
É o retorno do credor de ontem.

Receba com paciência as provações do caminho, certo de que o abandono do corpo, através do suicídio, não é a solução que alivia, mas complicação que agrava.

113

É PIOR

Segunda Parte
Cap. V – François

A miséria na vida física é transtorno de toda espécie.

É fome.
Não há comida.

É nudez.
Não há roupa.

É frio.
Não há agasalho.

É dor.
Não há remédio.

É desgosto.
Não há amparo.

É aflição.
Não há paz.

É tédio.
Não há alegria.

É desânimo.
Não há futuro.

A miséria física é realmente provação dolorosa, mas pior do que ela é a miséria de fé e coragem, o que leva à revolta e ao suicídio.

114

COM RESIGNAÇÃO

Segunda Parte
Cap. V – Mãe

A Natureza ensina a esperar com resignação.

A terra.
Está árida.
Não produz.
Mas ela espera.
E o adubo transforma a aridez.

O céu.
Está limpo.
O sol é forte.
Mas ele espera.
E a noite chega com as estrelas.

O tempo.
Está seco.
Calor enorme.
Mas ele espera.
E a nuvem traz a chuva refrescante.

🌿

Diante da provação com sofrimento, tenha a certeza de que Deus é justo e bom, mas é preciso esperar com resignação que justiça e bondade Ele reserva para você.

115

COM DIGNIDADE

Segunda Parte
Cap. V – Duplo suicídio

Resista à atitude inconveniente no cumprimento do dever.

🌿

Governante,
Exerça o poder, mas não abuse.

Médico,
Atenda ao doente, mas não se irrite.

Juiz,
Dê a sentença, mas não prejudique.

Autoridade,
Coíba o malfeitor, mas não maltrate.

VIVENDO O MAIS ALÉM 🌿 259

Advogado,
Defenda a causa, mas não engane.

Engenheiro,
Dirija a obra, mas não explore.

❦

Tome suas decisões com dignidade, certo de que a atitude inconveniente no cumprimento do dever agride a Lei Divina e leva ao sofrimento na vida espiritual.

116

MAIS VALIOSO

Segunda Parte
Cap. V – Luís

Você socorre alguém e se admira do que acontece.

O parente.
Está muito mal.
Você se preocupa.
Faz o melhor por ele.
E o parente fica magoado.

O colega.
Está na penúria.
Você fica sabendo.
Busca ajudá-lo também.
E o colega fica insatisfeito.

O amigo.

Está confuso.

Você logo percebe.

Tenta lhe dar conselho.

E o amigo fica melindrado.

Não se decepcione se o seu gesto de amor não é compreendido, pois o que é mais valioso nos caminhos da evolução é seguir os ensinamentos de Jesus e amar o próximo sem qualquer exigência.

117

APENAS UM MOMENTO

Segunda Parte
Cap. V – Ateu

Mantenha o ânimo perante as dificuldades.

Doença?
É incômoda.
Mas um dia abranda.

Provação?
É angustiante.
Mas um dia termina.

Perda?
É dolorosa.
Mas um dia se resolve.

Penúria?
É aflitiva.
Mas um dia desaparece.

Erro?
É desvio.
Mas um dia se conserta.

Ilusão?
É engano.
Mas um dia se descobre.

🐝

Não perca a esperança nas horas difíceis do caminho, compreendendo que a vida no corpo é apenas um momento da vida verdadeira no mundo espiritual.

118

NÃO RENUNCIE

Segunda Parte
Cap. V – Félicien

Sustente o equilíbrio na vivência diária.

Bens?
Adquira.
Mantenha o valor.
Mas contente-se com o que tem.

Saúde?
Conserve.
Faça uso dela.
Mas não a destrua com excessos.

Família?

Considere.

Sofra contrariedades.

Mas não prejudique a convivência.

🐝

Diante da prova difícil, não renuncie ao compromisso assumido, pois tal atitude agora leva ao sofrimento e desequilíbrio na vida espiritual.

119

EXPERIÊNCIAS INDESEJÁVEIS

Segunda Parte
Cap. V – Bell

Você vive experiências indesejáveis no dia a dia.

❧

Discute.
Fala agressivo.
Ofende o próximo.
Depois se arrepende.
Mas a ofensa continua.

Erra.
Diz intriga.
Prejudica alguém.
Depois se arrepende.
Mas o prejuízo persiste.

Abusa.
Faz excessos.
Adoece o corpo.
Depois se arrepende.
Mas a doença prossegue.

É importante o arrependimento, mas é preciso entender que ele é apenas o princípio da reparação, pois o que reabilita mesmo é a prova, quando você repete a experiência para não errar de novo.

CAPÍTULO VI

Criminosos arrependidos

120

ABANDONE JÁ

Segunda Parte
Cap. VI – Verger

Você comete deslizes em seus relacionamentos.

Diálogo?
É com indiferença.

Discussão?
É com insulto.

Convite?
É com recusa.

Opinião?
É com rancor.

Argumento?
É com ofensa.

Convivência?
É com desatenção.

🌺

Abandone já sua maneira de agir no contato com o próximo, a fim de que mais tarde, na vida espiritual, você não tenha do que se arrepender.

121

TRATE BEM

Segunda Parte
Cap. VI – Lemaire

Trate bem seus familiares.

Não discuta.
Converse.

Não se exalte.
Argumente.

Não humilhe.
Considere.

Não se irrite,
Entenda.

Não agrida.
Respeite.

Não despreze.
Ouça.

Não critique.
Pondere.

Não se ofenda.
Desculpe.

Mantenha o relacionamento com a família de tal forma que você não precise se arrepender depois da atitude inconveniente que pode ser evitada agora.

122

Mudar logo

Segunda Parte
Cap. VI – Benoist

V eja como você se conduz no contato com o outro.

É gentil?
Ou usa a palavra grosseira.

Sorri?
Ou traz o rosto fechado.

Ajuda?
Ou faz de conta que não vê.

Entende?
Ou raciocina com dureza.

Responde?
Ou finge que não escuta.

É solidário?
Ou prefere não saber de nada.

🐦

Agindo assim, você comete infrações inalcançáveis pela justiça humana, mas que ferem as leis divinas, razão pela qual é importante mudar logo de conduta, a fim de que não sofra por causa delas na vida espiritual.

123

SEM VIOLÊNCIA

Segunda Parte
Cap. VI – O Espírito

Observe sua convivência.

Na família.
É grosseiro?

No trabalho.
É agressivo?

Na instituição.
É indiferente?

No trânsito.
É irritado?

No lar.
É exigente?

Na rua.
É indelicado?

No clube.
É impertinente?

Na reunião.
É do contra?

❦

Evite tais violências disfarçadas no relacionamento com os outros, certo de que a violência de qualquer natureza nos dias de hoje é solidão e sofrimento mais tarde, na vida espiritual.

124

É A VEZ

Segunda Parte
Cap. VI – Latour

Você se arrepende dos erros e agora deseja a renovação.

Foi grosseiro.
Então, agora é a vez da gentileza.

Foi colérico.
Então, agora é a vez da calma.

Foi mentiroso.
Então, agora é a vez da verdade.

Foi agressivo.
Então, agora é a vez da brandura.

Foi maldoso.
Então, agora é a vez da bondade.

Foi descrente.
Então, agora é a vez da fé.

Foi enganador.
Então, agora é a vez da honestidade.

Foi vingativo.
Então, agora é a vez do perdão.

Foi desumano.
Então, agora é a vez da fraternidade.

Foi intolerante.
Então, agora é a vez da indulgência.

🌿

Você sofre com as lembranças e o arrependimento das atitudes inconsequentes. Esteve no caminho do mal e quer mudar. Então, agora é a vez do bem.

Capítulo VII

Espíritos endurecidos

125

INSISTÊNCIA

Segunda Parte
Cap. VII – Lapommeray

Corrija sua maneira de agir.

🌸

Errou?
Basta consertar.
Mas você insiste no erro.

Ofendeu?
Basta se desculpar.
Mas você insiste na ofensa.

Falseou?
Basta mudar.
Mas você insiste na falsidade.

Mentiu?

Basta confessar.

Mas você insiste na mentira.

Difamou?

Basta se retratar.

Mas você insiste na difamação.

Sua conduta para com o próximo é sempre rígida. É dureza de espírito? Basta se renovar, mas você insiste na rigidez, dificultando o futuro espiritual.

126

NÃO SE ENTREGUE

Segunda Parte
Cap. VII – Angèle

Seja útil em qualquer circunstância.

Na família.
Colabore sempre.

No trabalho.
Oriente o novato.

Na instituição.
Esteja disponível.

Na escola.
Ajude o colega.

No bairro.
Seja prestativo.

Na rua.
Atenda o passante.

Não se entregue à inércia diante dos compromissos assumidos na vida física, pois a existência inútil hoje, é aflição amanhã, na vida espiritual.

127

TÉDIO

Segunda Parte
Cap. VII – Um Espírito

O tédio de amanhã começa realmente hoje.

No desânimo.
Que paralisa a vontade.
Levando mais ao fracasso.
E o fracasso é sempre causa de tédio.

Na preguiça.
De onde vem a inação.
Produzindo mais indiferença.
E a indiferença é sempre causa de tédio.

Na ociosidade.

Que impede a iniciativa.

Reforçando mais a nulidade.

E a nulidade é sempre causa de tédio.

Um Espírito ficará aborrecido e entediado na vida espiritual, se agora perde tempo no caminho do bem. E a perda de tempo é sempre causa de tédio.

128

DE MOLHO

Segunda Parte
Cap. VII – Rainha

No contato com o próximo, sua arrogância prevalece.

🌿

Cumprimenta.
Mas não estende a mão.
E se mantém sempre a distância.

Convive.
Mas não se entrosa.
E se acha melhor do que todos.

Considera.
Mas apenas seus iguais.
E muitas vezes humilha alguém.

Conversa.
Mas fica quase mudo.
E nem dirige o olhar a quem fala.

Aproveite os dias de hoje e ponha seu orgulho de molho na caridade, a fim de que, na vida espiritual, você mesmo não fique de molho na perturbação.

129

COM EGOÍSMO

Segunda Parte
Cap. VII – Xumène

Você se cuida com esmero.

Alimenta-se.
Tem mesa farta.
Usa o cardápio preferido.
Mas nega o pão ao pedinte com fome.

Veste-se.
Tem roupa variada.
Usa o modelo da moda.
Mas nega o agasalho ao idoso com frio.

Trata-se.

Tem médico bom.

Usa o medicamento certo.

Mas nega o remédio à gestante com dor.

Você se satisfaz o máximo, mas nega ao próximo o mínimo de que ele precisa. Agindo assim, com egoísmo, terá, na vida espiritual, o mínimo de paz e o máximo de aflição.

Capítulo VIII

Expiações terrestres

130

PROVAÇÃO DE HOJE

Segunda Parte
Cap. VIII – Marcel

Você observa e deplora o desconforto de alguém.

🌱

O incômodo.
Da alteração física.

A tortura.
Do sintoma mental.

A deficiência.
Do crânio avariado.

A paralisia.
Da lesão cerebral.

A inconsciência.
Do estado comatoso.

O tormento.
Da depressão grave.

A tristeza.
Do corpo deformado.

A angústia.
Da enfermidade fatal.

🌺

Você lamenta o sofrimento daqueles que suportam situações difíceis, mas sabe também que a Doutrina Espírita explica, através das vidas sucessivas, que a provação de hoje é simples efeito doloroso de uma causa desastrosa no passado.

131

FAÇA JÁ

Segunda Parte
Cap. VIII – Szymel

Você acha natural ser egoísta.

❧

Tem bens.

Vive com facilidade.

Satisfaz todos os desejos.

Mas não socorre quem está na miséria.

Tem conforto.

Mora em casa luxuosa.

Possui recursos de vária espécie.

Mas não ouve o lamento do desabrigado.

Tem saúde.

Cuida bem do corpo.

Recorre a consultas sofisticadas.

Mas não se importa com o doente pobre.

Faça já sua renovação íntima de acordo com as lições do Evangelho, a fim de que, mais tarde, não precise de nova existência física para praticar o bem que você pode fazer agora.

132

SOLUÇÃO NECESSÁRIA

Segunda Parte
Cap. VIII – Julienne

Use os recursos do bem perante as adversidades.

✿

Doença grave?
É paciência.

Miséria atroz?
É calma.

Parentela exigente?
É tolerância.

União problemática?
É persistência.

Família complicada?
É entendimento.

Convívio agressivo?
É indulgência.

Trabalho árduo?
É ânimo.

Dor inevitável?
É coragem.

🍃

É verdade que sua vida está atormentada por situações angustiantes, mas compreenda que a dificuldade de hoje é a solução necessária para outras dificuldades que você criou no passado.

133

Prepotência

Segunda Parte
Cap. VIII – Max

Ela está presente em suas atitudes.

Na pergunta.
A petulância.

Na resposta.
A insolência.

Na conversa.
A arrogância.

Na presença.
A empáfia.

No clube.
A altivez.

No trabalho.
A opressão.

No convívio.
A tirania.

Na família.
A violência.

🌿

Entenda as lições do Evangelho e busque o caminho da humildade, a fim de que sua prepotência de agora não lhe seja causa de sofrimento na passagem para a vida espiritual.

134

Antídoto

Segunda Parte
Cap. VIII – Criado

Sirva sempre.

A família.
Com dedicação.

O carente.
Com bondade.

O idoso.
Com respeito.

A criança.
Com carinho.

O amigo.
Com gentileza.

O parente.
Com boa vontade.

O colega.
Com ânimo.

Alguém.
Com disposição.

🌾

Atenda com generosidade a quem lhe peça ajuda, na certeza de que servir o próximo com amor e desinteresse é poderoso antídoto contra o orgulho e o egoísmo.

135

PENALIDADE

Segunda Parte
Cap. VIII – Antonio

Você tem qualidades.

É honesto.
Mas sofre com embromação.
Porque no passado já embromou.

É fiel.
Mas sofre com traição.
Porque no passado já traiu.

É simples.
Mas sofre com humilhação.
Porque no passado já humilhou.

É brando.
Mas sofre com agressão.
Porque no passado já agrediu.

É caridoso.
Mas sofre com ingratidão.
Porque no passado já foi ingrato.

A reencarnação mostra a dependência entre as várias existências no corpo físico, de tal forma que, embora você esteja hoje no caminho do bem, sofre a penalidade do mal que praticou em vidas anteriores.

136

Diante da provação

Segunda Parte
Cap. VIII – Letil

Não se desespere diante da provação.

Tenha calma.
Não se irrite.
A paciência é sempre um benefício.

Tenha fé.
Não descreia.
A confiança é sempre um lenitivo.

Tenha firmeza.
Não esmoreça.
A coragem é sempre um esteio.

Tenha ânimo.
Não desista.
A esperança é sempre um alívio.

Tenha paz.
Não se aflija.
A serenidade é sempre um conforto.

❧

Receba com resignação a prova difícil, na certeza de que o sofrimento de hoje é o resgate do passado e o sossego do futuro.

137

AMBIÇÃO

Segunda Parte
Cap. VIII – Sábio

Você não está impedido de possuir, mas desde que com equilíbrio.

🌿

Ter negócio.
Ganhar o lucro.
Mas desde que não exagere.

Ter beleza.
Ser admirado.
Mas desde que não se convença.

Ter prestígio.
Fazer sucesso.
Mas desde que se controle.

Ter poder.
Ser respeitado.
Mas desde que não abuse.

Ter recursos.
Adquirir bens.
Mas desde que não se exceda.

Em qualquer circunstância, não se deixe dominar pela posse compulsiva e faça todo o empenho para substituir a ambição egoística pelo desejo do bem em favor de todos.

138

NÃO FAÇA

Segunda Parte
Cap. VIII – Charles

Use suas faculdades com retidão.

É intelectual?
Tenha conhecimento.
Mas não faça do saber instrumento do orgulho.

É médico?
Tenha perícia.
Mas não faça da medicina instrumento do egoísmo.

É professor?
Tenha experiência.
Mas não faça da profissão instrumento da revolta.

É juiz?
Tenha preparo.
Mas não faça da decisão instrumento da vingança.

🌿

Sustente sempre o bem e não empregue seus recursos nos caminhos do erro, pois os enganos de hoje levam inevitavelmente a situações deploráveis no amanhã.

VIVENDO O MAIS ALÉM 🌿 309

139

ABNEGAÇÃO

Segunda Parte
Cap. VIII – Adélaide

Ajude sempre em qualquer circunstância.

A família.
Está em desarmonia.
Ajude com a concórdia.

O parente.
Está em crise.
Ajude com o recurso.

O amigo.
Está desorientado.
Ajude com o equilíbrio.

O pedinte.
Está com frio.
Ajude com o agasalho.

O colega.
Está irritado.
Ajude com a paciência.

🌺

Não deixe de apoiar alguém em seu caminho, certo de que tal ajuda eventual e espontânea é o começo da jornada que termina na abnegação.

140

Dignidade

Segunda Parte
Cap. VIII – Rivier

Suporte com dignidade o momento difícil.

Perda?
É dolorosa.
Mas aceite a Vontade Divina.

Doença?
É incurável.
Mas acredite na Bondade Divina.

Penúria?
É lastimável.
Mas respeite a Sabedoria Divina.

Solidão?
É angustiante.
Mas compreenda a Razão Divina.

Sofrimento?
É desalentador.
Mas creia na Misericórdia Divina.

Qualquer que seja a dor que lhe surge no caminho é coerente com a Lei Divina, razão pela qual a conduta digna diante dela é aceitação com paciência e esperança.

141

Seja humilde

Segunda Parte
Cap. VIII – Françoise

Aceite a provação com humildade.

Dor rebelde?
Não se revolte.
Use o remédio e a paciência.

Hora difícil?
Não se desespere.
Use a solução e a esperança.

Intriga?
Não se ofenda.
Use o perdão e o esquecimento.

Desprezo?
Não se aflija.
Use a compreensão e a paz.

Separação?
Não se desanime.
Use o entendimento e a coragem.

Considere as vidas sucessivas e saiba que o sofrimento de hoje é a correção do erro de ontem, entendendo que a pior cegueira é aquela que não enxerga a misericórdia de Deus em nosso caminho.

142

BOM EXEMPLO

Segunda Parte
Cap. VIII – Françoise

Use o bem na vivência diária.

Seja humilde.
Evite o orgulho.
E dê atenção a quem lhe peça.

Seja simples.
Evite a vaidade.
E se comporte com modéstia.

Seja fraterno.
Evite o egoísmo.
E ampare alguém que precisa.

Seja indulgente.

Evite o julgamento.

E entenda a situação de cada um.

🌿

Agindo assim na vida atual, é certo que o bom exemplo de hoje será amanhã importante fator na escolha de futuras existências.

143

ATITUDE RESIGNADA

Segunda Parte
Cap. VIII – Anna

Busque a resignação nas atitudes simples.

Na tolerância.
Não se inquiete.
A tolerância sossega.

Na calma.
Não se afobe.
A calma recompõe.

Na fé.
Não descreia.
A fé tranquiliza.

Na esperança.
Não se desalente.
A esperança pacifica.

Na paciência.
Não se revolte.
A paciência harmoniza.

Diante do momento difícil que surge em seu caminho, tome a atitude resignada, na certeza de que somente ela vai lhe trazer a paz que conforta.

144

ATITUDE AFLITIVA

Segunda Parte
Cap. VIII – Anna

Diante do sofrimento em família, você reage muitas vezes com atitude aflitiva.

Com revolta.
Age com agressividade.
E não entende que Deus é Sabedoria.

Com egoísmo.
Busca o proveito próprio.
E não entende que Deus é Bondade.

Com blasfêmia.
Desrespeita a Lei Divina.
E não entende que Deus é Justiça.

Com rebeldia.
Reclama todo o tempo.
E não entende que Deus é Misericórdia.

🌿

Saiba que o sofrimento de alguém que você ama é em favor de quem sofre, pois a dor no dia de hoje é a reparação do desastre no passado. E entenda que Deus é Pai.

145

OUTRA VIDA

Segunda Parte
Cap. VIII – Joseph

Diante de você, alguém precisa de ajuda.

🌿

A criança.
Está confusa.
Precisa de orientação.
E você não é capaz de perceber.

O idoso.
Está solitário.
Precisa de amparo.
E você não é capaz de olhar.

A gestante.

Está carente.

Precisa de cuidado.

E você não é capaz de enxergar.

☙

Se hoje você não é capaz de ver alguém em necessidade, é possível que amanhã, em outra vida, sua consciência vai exigir que seus olhos sejam punidos com a cegueira.

146

TENHA CUIDADO

Segunda Parte
Cap. VIII – Joseph

Examine sua atitude com o próximo.

O mendigo
Diz que tem fome.
Faz um pedido.
E você só enxerga mentira.

O doente.
Faz uma súplica.
Diz que está sofrendo.
E você só enxerga fingimento.

O parente.

Faz um apelo.

Diz que quer ajuda.

E você só enxerga exploração.

🌺

Tenha cuidado com o que você enxerga no outro, pois se fazer de cego diante da necessidade de alguém é plantar conveniência agora, para colher cegueira no futuro.

147

APELO DIFERENTE

Segunda Parte
Cap. VIII – Joseph

Ouça o apelo diferente de alguém.

Gemido?
É alguém com dor.
Ajude com o lenitivo possível.

Lamento?
É alguém que sofre.
Ampare com o recurso da fé.

Suspiro?
É alguém com angústia.
Ofereça o alívio da esperança.

Soluço?
É alguém que chora.
Apoie com a palavra de ânimo.

Não seja surdo à necessidade de alguém, a fim
de que, mais tarde, na vida futura, você esteja em paz
com sua consciência.

148

OUVIR

Segunda Parte
Cap. VIII – Joseph

Você ouve o que acontece ao seu redor.

No vizinho.
Há a discussão.
Ouça, mas não registre.

No bairro.
Há a intriga.
Ouça, mas esqueça.

No serviço.
Há a ofensa.
Ouça, mas não ligue.

No lar.

Há a ironia.

Ouça, mas olvide.

Na rua.

Há o falatório.

Ouça, mas não retenha.

🌿

Não faça do ouvido depósito de maldades, a fim de que mais tarde, em futura existência, você não precise da surdez, para evitar o mal.

No ano de 1963, Francisco Cândido Xavier ofereceu, a um grupo de voluntários, o entusiasmo e a tarefa de fundarem um Anuário Espírita. Nascia, então, o Instituto de Difusão Espírita - IDE, cujo nome e sigla foram também sugeridos por ele.

A partir daí, muitos títulos foram sendo editados, e o Instituto de Difusão Espírita, entidade assistencial sem fins lucrativos, mantém-se fiel à sua finalidade de divulgar a Doutrina Espírita através da IDE Editora, tendo como foco principal as Obras Básicas da Codificação, sempre a preços populares, além dos seus mais de 300 títulos em português e espanhol, muitos psicografados por Chico Xavier.

O Instituto de Difusão Espírita conta também com outras frentes de trabalho, voltadas à assistência e promoção social, como albergue noturno, acolhimento de migrantes, itinerantes, pessoas em situação de rua, acolhimento e fortalecimento de vínculos para mães e crianças, oficinas de gestantes, confecção de enxovais para recém-nascidos, fraldas descartáveis infantis e geriátricas, assistência à saúde e auxílio com cestas básicas, leite em pó, leite longa vida, para as famílias em situação de vulnerabilidade social, além dos trabalhos de evangelização infantil, mocidade espírita, artes (teatro, música, dança, artes plásticas e literatura), cursos doutrinários e passes.

Este e outros livros da **IDE Editora** subsidiam a manutenção do baixíssimo preço das **Obras Básicas, de Allan Kardec**, mais notadamente, "**O Evangelho Segundo o Espiritismo**", edição econômica.

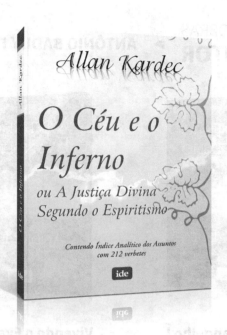

O Céu e o Inferno
Allan Kardec

Qual o destino do homem após a morte física? Quais as causas do temor da morte? Existem o Céu e o Inferno? A antiga crença nos anjos e demônios merece crédito? Como procede a Justiça Divina?
Estas e outras questões correlatas são devidamente esclarecidas, na Primeira Parte desta obra, à luz da lógica e dos ensinamentos dos Espíritos. Na Segunda Parte, intitulada Exemplos, Kardec registra numerosas comunicações de Espíritos - classificados por categorias, tais como: felizes, sofredores, arrependidos, endurecidos, suicidas - que exemplificam toda a teoria exposta anteriormente.
No final desta obra, há um Índice Analítico dos Assuntos, reunindo, em ordem alfabética, todos os verbetes que podem interessar aos estudiosos.

www.ideeditora.com.br

OUTRAS OBRAS DO AUTOR ▶ ANTÔNIO BADUY FILHO

Vivendo o Evangelho I   **Vivendo o Evangelho II**

Espírito *ANDRÉ LUIZ*

Importante trabalho do conceituado médium Antônio Baduy Filho que, desde 1969, vem psicografando mensagens do Espírito André Luiz, inclusive em sessões públicas na Comunhão Espírita Cristã, junto ao saudoso médium Chico Xavier.

As páginas que compõem esta obra, dividida nos volumes I e II, resultam de mensagens recebidas nos cultos evangélicos realizados no Sanatório Espírita José Dias Machado, de Ituiutaba, MG, onde o médium realiza trabalho voluntário como médico e diretor clínico.

Trata-se de um estudo, item por item, além do Prefácio e da Introdução, de todos os capítulos de O Evangelho Segundo o Espiritismo, através de preciosos e precisos comentários, do terceiro livro do Pentateuco Kardequiano.

Em ensinamentos claramente expostos pelo Espírito André Luiz, o leitor se sentirá agraciado com um verdadeiro guia para sua evolução a caminho da verdadeira felicidade.

Para o iniciante na Doutrina Espírita, vale lembrar que o Espírito André Luiz nos legou, através de Chico Xavier, notáveis informações sobre a vida no mais além, principalmente na série iniciada pela consagrada obra Nosso Lar, editada pela Federação Espírita Brasileira.

www.ideeditora.com.br

COLEÇÃO ▶ VIVENDO A DOUTRINA ESPÍRITA

Volumes Um, Dois, Três e Quatro | Espírito ANDRÉ LUIZ

Esta é mais uma coleção do Espírito André Luiz, através da mediunidade de Antônio Baduy Filho, desta feita, acompanhando as questões de "O Livro dos Espíritos", de Allan Kardec.
Trata-se de quatro preciosos volumes que, obedecendo a sequência e a mesma ordem dos capítulos e das questões da referida obra, oferecem-nos profundas orientações, em busca da paz e da elevação espiritual.

www.ideeditora.com.br

OUTRAS OBRAS
DO AUTOR ▶ ANTÔNIO BADUY FILHO

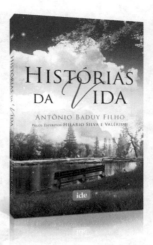

Decisão
Espírito **ANDRÉ LUIZ**

Embora patrimônio da razão, o processo decisório vincula-se ao sentimento.

Ninguém decide sem um motivo e o motivo incorpora afeto.

Por isso, o Espiritismo, revivendo o Evangelho de Jesus, é apelo à fé raciocinada, mas também é chamamento à renovação íntima.

Sem transformação moral, a inteligência sujeita-se aos impulsos primitivos e as decisões beiram a inconsequência do mal.

Estas páginas despretensiosas são um convite a que te decidas pelo Bem.

Histórias da Vida
Espíritos **Hilário Silva e Valérium**

Nesta obra, os Espíritos Hilário Silva e Valérium relatam, em capítulos alternados, de maneira clara, concisa, e sem quaisquer expressões mais rebuscadas, histórias de muito sentimento, geralmente com finais inesperados e surpreendentes. Diversas situações comuns da vida são aqui abordadas com preciosos ensinamentos para o nosso dia a dia. Relatam vivências em que a inveja, o descaso, a irresponsabilidade, o excesso e muitos outros deslizes da inferioridade humana acarretam-nos os sofrimentos que podem nos causar os vários equívocos de nossa vida. Em contrapartida, o próprio texto nos leva a conhecer o correto trilhar em busca do aprimoramento espiritual.

www.ideeditora.com.br

Conheça mais sobre a Doutrina Espírita através das obras de **Allan Kardec**

www.ideeditora.com.br

IDEEDITORA.COM.BR

Acesse e cadastre-se para receber informações sobre nossos lançamentos.

TWITTER.COM/IDEEDITORA
FACEBOOK.COM/IDE.EDITORA
EDITORIAL@IDEEDITORA.COM.BR

IDE Editora é apenas um nome fantasia utilizado pelo INSTITUTO DE DIFUSÃO ESPÍRITA, entidade sem fins lucrativos, que promove extenso programa de assistência social, e que detém os direitos autorais desta obra.